ÉTUDES SUR LA BRETAGNE
ROMANS HISTORIQUES.

ALIÉNOR

PRIEURE DE LOK-MARIA

(ÉPOQUE DE LA LIGUE : 1594)

Règne de Henri IV,

PAR

Pitre-Chevalier.

TOME PREMIER.

PARIS,
W. COQUEBERT, EDITEUR,
48, RUE JACOB.

1842

ÉTUDES SUR LA BRETAGNE.

ALIÉNOR

PRIEURE DE LOK-MARIA.

I.

ÉTUDES SUR LA BRETAGNE.

ROMANS HISTORIQUES.

Jeanne de Montfort. (Époque guerrière; 1342.)
Michel Columb. (Époque des arts; 1490.)
Aliénor de Lok-Maria. (Époque de la Ligue; 1594.)
Conan-le-Têtu. (Époque maritime; 1690.)
Melle de Kersac. (Époque révolutionnaire; 1793.)
Alix-les-yeux-bleus. (Mœurs actuelles; 1840.)
Fées et revenants. (Traditions fantastiques.)

PARIS. — IMPRIMERIE DE SCHNEIDER ET LANGRAND,
1, rue d'Erfurth.

HENRI IV.

ÉTUDES SUR LA BRETAGNE.

ALIÉNOR

PRIEURE

DE LOK-MARIA.

(ÉPOQUE DE LA LIGUE : 1594.)

Règne de Henri IV.

PAR

PITRE-CHEVALIER.

TOME PREMIER.

Paris,
W. COQUEBERT, ÉDITEUR,
48, RUE JACOB.

1842

A M. DE CHATEAUBRIAND.

N'accusez point, monsieur, ma paresse, mais plutôt la lenteur de mon travail ; car voilà dix mois passés que je vous dois cette réponse : voilà dix mois que j'ai à vous rendre compte de ce dernier voyage en Bretagne, encouragé par vos aimables adieux ; de ce nouveau retour à notre vieux pays, que vous m'avez fait l'honneur de m'envier.

« Vous êtes plus heureux que moi, m'écriviez-
« vous à Saint-Malo ; vous revoyez ma patrie, que
« je n'ai pas visitée depuis cinquante ans... Je n'y
« connais plus personne, et personne ne m'y re-
« connaîtrait plus... Vous trouverez peut-être au
« bord de la mer une pierre sans nom, préparée
« pour me couvrir, dans un îlot de sable, où j'ai dé-
« siré reposer... Revenez-nous vite avec vos pré-
« cieuses moissons... Vous ne doutez pas du plaisir
« que nous aurons à vous revoir... »

Le moissonneur revient un peu tard, monsieur ; mais il revient chargé d'épis, et il vous fait hommage de sa nouvelle gerbe.

Breton plus heureux que vous, en effet, il n'y avait pas longtemps que j'avais vu la Bretagne. Depuis mon pèlerinage à la recherche de notre Michel-Ange, j'avais encore dans l'œil l'horizon grandiose de nos côtes et la riante perspective de nos campagnes ; mon oreille était encore toute pleine du doux écho de nos chansons celtiques, du grand bruit de nos forêts séculaires, et de la plainte infinie de notre Océan sans repos ; nulle image étrangère n'avait altéré dans ma mémoire ces souvenirs du pays que vous rendez si bien, monsieur !

« Ces champs de genêts et d'ajoncs, dont les fleurs
« resplendissent comme des papillons d'or, ces

« *courtils* fourmillant d'abeilles et d'oiseaux, où
« les essaims et les nids arrêtent les enfants à cha-
« que pas, où le pommier, chargé de ses roses
« nouvelles, ressemble à un gros bouquet de fian-
« cées de village ; ces côtes bordées de tours à fa-
« naux, de clochers de la Renaissance, de monu-
« ments druidiques, et de châteaux en ruine; ces
« campagnes pélagiennes étendues entre la terre
« et la mer, frontières indécises des deux élé-
« ments ; l'alouette des champs volant à côté de
« l'alouette marine ; la charrue et la barque, à un
« jet de pierre l'une de l'autre, sillonnant le sol et
« les eaux ; la lune, cette gouvernante de l'abîme,
« se levant sur les forêts pour se coucher dans
« l'Océan; les franges d'écume et les bancs variés
« de coquillages dessinant la lisière blonde ou verte
« des blés (1), » comme ce bas-relief trouvé par
vous dans l'île de Céos, qui représentait les Né-
réides attachant des festons à la robe de Cérès.
J'avais toutes ces choses dans l'imagination, dans
la tête et dans le cœur ; et pourtant j'ai revu toutes
ces choses avec autant de surprise que si je les
eusse oubliées. — Admirable puissance du souve-

---

(1) Passages des *Mémoires d'Outre-Tombe* — entendus à l'Ab-
baye-au-Bois — dans le salon de madame Récamier.

nir, qui perpétue et renouvelle également nos jouissances! — J'ai frappé à la porte des chaumières du Morbihan, et les derniers géants de la Chouannerie sont venus m'ouvrir. J'ai gravi les montagnes et sondé les chemins creux de la Cornouaille, où le bâton du voyageur évoque, comme la baguette des sorciers, les guerriers et les brigands, les bourreaux et les victimes de la Ligue. J'ai interrogé les rives sauvages, les frais vallons, les plaines fertiles du Léonais; et les tourelles croulantes, les clochers à jour, les croix du grand chemin, m'ont raconté mainte histoire d'autrefois, que je redirai bientôt. Il n'y a qu'un point de la Bretagne où je n'ai pas eu le courage de porter mes pas, quoique mon cœur ait fortement battu à ses approches : c'est précisément (pardonnez-le-moi, monsieur!) ce point que vous me recommandiez dans votre lettre : c'est cette pierre, aujourd'hui sans nom, qui doit porter un jour un nom si glorieux! Ah! tout jeune que je sois encore, je ne la verrais jamais, cette pierre illustre et sainte, si les destins voulaient reculer, au gré de mes vœux, le temps où les Bretons iront s'agenouiller au Grand-Bey, comme les preux du moyen âge au tombeau de Charlemagne.

Du reste, — permettez-moi de vous le dire,

monsieur, — en supposant que la Bretagne ne vous reconnaîtrait plus, vous la méconnaîtriez vous-même. Pour y trouver votre nom glorifié sur toutes les bouches, je n'avais pas besoin d'aller jusqu'aux lieux où il est porté encore si dignement (1). Depuis Nantes jusqu'à Saint-Malo, il n'y aurait qu'un triomphe pour l'enfant exilé de Combourg, pour le pèlerin de Jérusalem et d'Amérique, pour le poëte du *Génie du Christianisme* et des *Martyrs,* pour le ministre du Congrès de Vérone, et pour le solitaire de Marie-Thérèse. Partout vous seriez reconnu, monsieur, comme le Béarnais dans les plaines d'Ivry, à ce panache aussi pur que nos hermines, et qui n'a jamais quitté le chemin de l'honneur.

Je vous surprendrai peut-être, en ajoutant que vous reconnaîtriez aussi la Bretagne, votre Bretagne d'il y a cinquante ans. Oui, malgré les routes royales et les commis voyageurs, malgré les garnisons et les pédagogues de village, la distance est grande encore de Paris à Kemper-Corentin ! Le Kernewote et le Léonais croient toujours au bon Dieu, aiment toujours le pays et le *gwin-ardent,* portent toujours le *jupen* et le *bragow-braz,* et se tiennent

---

(1) Notamment par M. le comte Frédéric de Chateaubriand.

enfermés dans leur vieille langue celtique, comme le Chinois dans sa muraille inexpugnable. Oui, chaque fontaine a encore son saint dans sa niche, chaque chapelle son pardon sous les grands chênes, chaque foyer ses longues fileries d'hiver, chaque mendiant sa prière et sa chanson, chaque sentier sa croix de granit, chaque lande ses fêtes et ses dolmens, chaque lit son gui sacré et son ange gardien, chaque patron son pèlerinage, chaque amour son *baz-valan*, chaque douleur sa résignation, et chaque mort son espérance. — Plus d'un point du sol est encore sous le régime du domaine congéable; et l'usement de Rohan ou de la Quévaise n'est point aboli autant que le voudrait le code Napoléon. Le paysan breton est vis-à-vis de son tenancier ce qu'il était vis-à-vis de son seigneur : c'est-à-dire libre devant l'un comme devant l'autre! Car la terre de Bretagne a ce privilége entre toutes, qu'elle n'a jamais porté un serf ni un esclave. Elle n'avait pas besoin de la Révolution pour être franche, et voilà pourquoi cette révolution lui a paru suspecte.

Mais nous voilà bien loin de la Ligue, monsieur, et du modeste roman qui vous est dédié. Je ne sais même si j'ai le droit d'appeler roman le simple récit d'une aventure qui s'enroule autour de notre grande guerre de religion, comme les fragiles rejetons du lierre aux tourelles inébranlables de nos châteaux. Ces rejetons parviennent quelquefois à prendre racine dans le granit éternel, et j'ai retrouvé, l'an dernier, sur les ruines de Rustéfan, ceux qu'avait tant admirés Cambry, il y aura bientôt un siècle... Puisse arriver le même bonheur au faible enfant de mon imagination !

J'ai besoin d'appui et d'encouragement, car mon entreprise est peut-être au-dessus de mes forces. Je veux exposer un des phénomènes les plus curieux que présente notre histoire nationale : la lutte originelle, religieuse, politique, morale, et l'on pourrait dire géographique, de la France et de la Bretagne ; — lutte ouverte le jour où le premier de nos ducs fit hommage au Roi, debout, le casque en tête et l'épée au flanc ; — lutte acharnée sous Philippe de Valois, Charles V et Louis XI, — éteinte sous Charles VIII et Louis XII, par le double mariage d'Anne de Bretagne, — ranimée par la duchesse de Mercœur au temps de la Ligue, — par le patriotisme et la foi dans la conspiration de Cellamare et la Chouannerie ; — lutte enfin qui se continue secrètement de nos jours entre l'idiome et l'ignorance, la religion et la fidélité bretonne, et la langue et les lumières, le scepticisme et l'inconstance française. Dans JEANNE DE MONTFORT et dans MICHEL

Columb, j'ai rempli les deux premières parties de ma tâche. J'ai fait voir la Bretagne aux prises avec la France sous les remparts d'Hennebon, dans les conseils de Philippe VI, sur le tombeau de François II, sous le joug des Lieutenants du Roi, aux États de Rennes, de Vannes et de Nantes. Dans Aliénor, je poursuis mon œuvre, en montrant les paroisses armoricaines soulevées contre Henri IV, et revendiquant leur nationalité sous l'étendard de la Sainte-Union. Ici donc la lutte est encore politique et guerrière ; l'amour se fait au bruit des mousquets et des arquebuses. Mes pages sont toutes pleines, et parfois toutes rouges, de ces grands coups d'estoc et de taille qui plaisaient tant à madame de Sévigné. L'épée au poing, Henri le Béarnais ouvre la scène ; Henri le Grand vient la fermer, l'Édit de Nantes à la main. Entre ces deux apparitions, la Ligue passe avec ses quatre fléaux : la guerre civile, la peste, la famine et les loups. Jeanne de Montfort était une Histoire ; Michel Columb était un Drame ; Aliénor est un Tableau ; Conan-le-Têtu s'efforcera d'être une Comédie. — Heureux si mon courage et ma persévérance suffisent à l'exécution d'un tel projet ; si, à travers la grande Tragédie de Quatre-Vingt-Treize et le naïf Roman des mœurs actuelles, j'arrive heureusement à ces amusantes Traditions de nos grand'mères, qui danseront leur ronde fantastique autour de mon édifice accompli ! Heureux enfin si le nom du plus humble enfant de la Bretagne échappe à l'oubli en s'inscrivant au-dessous du vôtre, — plus solide et plus inattaquable encore que le granit de nos vieilles forteresses.

PITRE-CHEVALIER.

Paris, 10 juin, 1842.

Je ne saurais publier cette troisième partie de mes ÉTUDES SUR LA BRETAGNE, sans exprimer hautement ma reconnaissance pour les encouragements si unanimes et si flatteurs dont mes deux premières ÉTUDES ont été l'objet. M. Mennechet, à ses Matinées Littéraires ; madame Émile de Girardin et l'Inconnu, dans la *Presse*; M. P. A. Vieillard, dans le *Moniteur Universel*; M. Old Nick, dans le *Commerce* et dans le *National*; M. *** dans le *Charivari*; M. Brisset dans la *Gazette de France*; M. Th. Muret, dans la *Quotidienne*; M. H. Lucas, dans le *Courrier Français*; M. Darthenay, dans le *Constitutionnel*; M. Alfred Michiels, dans la *France Littéraire*; M. d'A... dans la *Revue du XIXe Siècle*; M. Chaudesaigues dans l'*Artiste*; M. Molé-Gentilhomme, dans le *Journal de Paris*; M. J. Tailhan, dans l'*Univers*; M. de Mirecourt, dans l'*Écho de la Presse*; M. de Barthélemy-Lanta, dans l'*Écho de la Littérature*; M. Simon, dans le *Breton de Nantes*; M. Bouet, dans l'*Armoricain de Brest*; MM. Duquesnel et Morvonnais, dans la *Vigie de l'Ouest*, et tous ceux qui ont pu échapper à mon attention, car ils n'échapperaient point à ma mémoire — ont bien voulu consacrer à JEANNE DE MONTFORT et à MICHEL COLUMB cet examen critique, sérieux, profond et détaillé, qui est le baptême des livres durables. Qu'ils reçoivent ici mes sincères remercîments pour leurs conseils, encore plus que pour leurs éloges; ceux-ci ne m'ont point abusé sur l'insuffisance de mes forces, ceux-là ont servi de guide à ma faiblesse, les uns et les autres m'ont fait persévérer dans mon entreprise.

Il est deux noms que je n'ajouterai point sans orgueil et sans douleur à cette liste d'amis et de confrères. Le plus national et le plus spirituel de nos historiens, l'illustre auteur de l'*Histoire des Français des Divers États*, M. Amans-Alexis Monteil, au moment même où les palmes du prix Gobert couronnaient son front vénérable, a daigné détourner le burin qu'il tient depuis quarante ans sur son immortel ouvrage, pour écrire en faveur de mes humbles essais, avec cette sagacité, cette grâce et cette indulgence qui le distinguent, le seul article que les journaux aient obtenu de lui. Cet article est pour moi une lettre de noblesse, et M. Monteil ne gardera pas plus précieusement les Chartes de sa bibliothèque ! — Mon dernier remercîment sera une larme, et descendra dans la tombe d'Ottavi. Si cette voix éloquente et cette plume énergique n'ont jamais cessé de m'instruire et de m'encourager dans la chaire et dans la presse, jamais non plus je ne cesserai de m'en souvenir et de le proclamer.

Cette bienveillance marquée de la critique pour les études bretonnes leur a donné depuis quelque temps un développement considérable. M. Th. de la Villemarqué vient d'ajouter à l'inestimable collection de ses *Chants Populaires*, les *Contes des An-*

ciens *Bretons*, recueillis par lui-même dans le pays de Galles, et qui tranchent enfin la question, si débattue, de l'origine des épopées chevaleresques. L'auteur du beau livre de *l'Art Chrétien*, M. Rio, me devance dans l'étude de la Chouannerie, par son *Histoire d'un Collége Breton sous l'Empire*, simple et touchante épopée, dont l'Homère fut aussi le héros. M. Ernest Ménard, mon heureux devancier, qui semblait s'être retiré sous sa tente, reparaît aujourd'hui dans l'arène avec *l'Amiral de Bretagne*, digne cadet de *Pen-Marc'h*, de *Budic-Mur* et de *Robert d'Arbrissel*. Aucun succès n'a effacé, ce printemps, au Salon du Louvre, le succès des naïfs tableaux de M. Adolphe Leleux : la *Korolle* et le *Paralytique*. Enfin, M. Brizeux, notre Virgile armoricain, ne tardera pas à laisser éclore son grand poëme des *Bretons*, — ce chêne national dont nous attendons l'ombrage, tout en savourant le délicieux bouquet de *Marie*. — Allons, frères, poëtes, artistes, romanciers, historiens, courage ! Le moment est pour nous ! La Mode, cette Fée contemporaine, se tourne en souriant vers la sombre Armorique. J'ai vu, l'an dernier, les landes de la Cornouaille et les rochers du Léonais fourmiller de pèlerins et de touristes... — Ah ! grâce à nous, et comme l'a dit si éloquemment un

des nôtres (1), le monde commence à s'en apercecevoir : « Il fut robuste, il fut glorieux, ce vieux
« chêne druidique, aujourd'hui couché dans la
« poussière ; sa chute n'a point découvert ses raci-
« nes, et la pioche de l'antiquaire se fatigue à en
« chercher les ramifications dans le passé. L'épée
« de César et celle de Charlemagne lui avaient fait
« au tronc de larges blessures ; mais les armes de
« leurs débiles successeurs s'émoussaient sur sa
« rude écorce ; — et pour l'abattre enfin, il a fallu
« recourir à la cognée révolutionnaire. Mainte-
« nant, la France se penche avec intérêt vers le
« colosse renversé ; l'artiste admire cette séve
« puissante qui ne peut plus se renouveler que
« dans la rosée du ciel, mais qui jaillit encore, çà
« et là, parmi la mousse et le gui, en verdoyantes
« frondaisons ; le poëte écoute avec ravissement la
« voix des oiseaux qui chantent, pour la dernière
« fois peut-être, dans sa couronne flétrie. — Pour
« la dernière fois ? Non ! La Bretagne conservera
« longtemps encore sa foi, sa langue et ses mœurs.
« Lorsque tout conspire pour les effacer, n'imi-
« tons pas ces prophètes, sortis de son sein, qui lui
« annoncent froidement ses funérailles. Impru-

(1) M. Alfred de Courcy, dans son excellent type du *Breton*,
l'un des plus brillants de la grande collection des *Français*.

« dents médecins, ne disons pas dans la chambre
« du malade que tout espoir est perdu ; mais plu-
« tôt efforçons-nous de prolonger sa noble vieil-
« lesse : elle a de la verdeur encore, et n'est pas
« aussi près qu'on semble le croire de se coucher
« dans la tombe ! »

———

Encore un mot de reconnaissance aux compatriotes qui m'ont accueilli, dirigé et fêté sur tous les points de la Bretagne, pendant mes voyages à la recherche des matériaux de ces *Études*; — à ceux qui m'ont ouvert les bibliothèques et les archives de leurs villes, les chroniques de leurs manoirs, les mémoires de leurs familles, les trésors de leur érudition ; à ceux qui ont pris avec moi la poste ou le bâton du pèlerin, pour m'accompagner et me guider de château en château, de chapelle en chapelle, de ruine en ruine, de chaumière en chaumière ; à M. le comte de Francheville, qui m'a reçu dans sa villa de Truscat, comme ses aïeux recevaient les bardes d'autrefois, à son fils en qui j'ai trouvé un cicérone si savant, un compagnon si infatiguable, un pilote si sûr, au milieu des trois cents îles du Morbihan ; — A M. le marquis de La Villemarqué, l'aimable et vénéré châtelain du Plessis-Nizon, à ses deux fils, mes amis d'enfance, au docte et poétique traducteur de nos *Chants* et de nos *Contes Populaires*, qui m'a promené sur le théâtre même de la Ligue, et a fait parler pour moi la magnifique ruine de Rustéfan; — à l'excellent M. Poirier, de Nantes, et à ses dignes confrères de la Société des Beaux-Arts; — à M. Graveran, le respectable évêque de Kemper, qui m'a ouvert l'église et le prieuré de Lok-Maria; à MM. Guillemé, ces hôtes devenus des amis, qui ont visité avec moi ce double monument et tous les monuments de la basse Cornouaille; — à M. de l'Archantel, ancien maire de Kemper, à M. A. de Courson, l'archiviste de cette ville; — à M. Antoine Peccot, le bibliothécaire de Nantes; — à M. Formerel, de Vannes; — à M. Vincent, professeur à Brest; — à M. l'amiral Grivel, préfet maritime; — à M. l'amiral Ducrest de Villeneuve et à son fils, grâce auxquels le port, l'arsenal et la rade de Lorient ne m'ont caché aucun secret; — à MM. Paul Quemper et Dubreuil de Marzan, qui m'ont ouvert tant de portes hospitalières; — à M. le docteur Balestrier, et à M. le garde du Génie de Concarneau; — à M. Bernard, de Douarnenez; — à M. Le Castrec, ce bon kloarek de Ploaré, qui m'a suivi dans les pardons kernewotes, jusqu'au jour où ses longs cheveux sont tombés à la porte du séminaire ; — à madame D*** enfin, cette vénérable et dernière bénédictine de Lok-Maria, dont l'esprit nonagénaire n'a rien perdu de sa vivacité, et qui demandera peut-être pardon à Dieu du profane usage que j'ai fait de ses pieuses révélations. — A tous encore une fois, merci! Et puisse la lecture de ces volumes payer à chacun une partie de ma dette!

ALIÉNOR.

Prologue.

HENRI LE BÉARNAIS.

LE SIÉGE DE BEAUVOIR.

I

La petite ville de Beauvoir, que personne n'est obligé de connaître, est située entre la haute Bretagne et le bas Poitou, aujourd'hui la Vendée, près du rivage septentrional de l'Océan. Beauvoir ne mérite certes plus le nom qu'il porte, si toutefois il le mérita jamais : ce nom doit être une flatterie des négociants et des caboteurs qui auront contemplé ce coin de terre avec les yeux de leur cassette. En effet, le commerce des bois, des grains et du sel a toujours été fort lucratif à Beauvoir, grâce au canal de Cahouette et au voisinage de Noirmoutier, surtout grâce à la navigation de la Rochelle, qui n'est éloignée que de vingt-cinq lieues.

Cependant, sur la fin du seizième siècle, au plus fort des guerres de religion, Beauvoir fut, lorsqu'il s'y attendait le moins, une des plus importantes places du royaume. Il est vrai que la petite ville ne joua ce rôle qu'une semaine ou deux, le temps de se voir assiégée et prise au premier assaut ; mais assiégée et prise par quel homme ? c'est justement ce qu'il s'agit de raconter.

A cette époque, la cité britanno-poitevine s'appelait encore Beauvoir-sur-Mer, bien que la mer déjà l'abandonnât de jour en jour. A l'heure qu'il est, l'infidèle gémit à une lieue des murs que ses flots venaient embrasser soir et matin ! Beauvoir, en outre, avait un château flanqué de quatre grosses tours, défendu par un pont-levis massif, armé de créneaux, de mâchicoulis et de meurtrières ; peut-être même, entre ces meurtrières et ces créneaux, cinq ou six couleuvrines allongeaient-elles leurs gueules chargées de poudre. Ce qu'il y a de sûr, c'est que les fossés de cette citadelle avaient quatre-vingts pieds de large ; et que deux fois par jour la marée les remplissait jusqu'aux bords. Enfin, Beauvoir était la clef du comté de Nantes, c'est-à-dire de toute la haute Bretagne ; voilà pourquoi il attira, à son corps défendant, l'attention d'un illustre ennemi.

C'était par une sombre et pluvieuse matinée d'octobre, et la scène se passait au manoir de la Bonnetière, qui existe peut-être encore à une lieue de Beauvoir. Qu'on se figure, au reste, une maison carrée, d'un seul étage, repliée en forme d'équerre, et dominant un petit bois de châtaigniers; une façade irrégulièrement percée de cinq larges fenêtres, étalant un écusson armorié entre quatre pieds de chevreuil en sautoir et un oiseau de proie cloué au mur; deux tourelles d'inégale hauteur, surmontées d'un toit d'ardoises et d'une girouette en fer; quelques meurtrières étroites, où la tête d'un pigeon se montrait plus souvent que le canon d'une arquebuse; sur le devant, les services et la basse-cour, dont les poules grattaient le sol à côté d'un chien de garde endormi; sur le derrière, un jardin potager découpé en vastes carrés de légumes bordés de thym; à l'ouest, une futaie courbée par le vent de la mer, contre lequel elle protégeait depuis cent ans l'habitation; à l'est, la chapelle seigneuriale dressant vers le ciel ses clochetons à jour; dans la prairie voisine, la FUIE, colombier féodal, debout comme une sentinelle d'avant-garde; un peu plus loin, la ferme couverte de chaume, et dont la fumée tournoyait au-dessus du verger : tel était, dans sa simplicité gothique, le domaine de la Bonnetière.

Or, ce jour-là, malgré la pluie et l'orage, un bruit et un mouvement inaccoutumés régnaient dans le modeste manoir. Une imposante compagnie d'hommes d'armes remplissait la grande avenue de chênes; des mousquetaires et des arquebusiers faisaient retentir la crosse de leurs poitrinals sur les bancs de pierre où le mendiant et le pèlerin posaient naguère la gourde et le bâton de voyage. Deux chevau-légers, armés de la pistole, montaient la garde à l'entrée de la cour, et deux piquiers, la hallebarde au flanc, se tenaient immobiles devant la porte de la maison. De temps en temps, un mot d'ordre, un roulement de tambour, ou le son d'une trompette, était suivi d'une évolution rapide, et d'autres instruments, faisant écho dans la campagne, annonçaient un camp nombreux, établi dans la direction de la mer.

Le personnage qui déployait un si grand appareil à la Bonnetière se trouvait en ce moment dans la salle du manoir, seule pièce importante de l'habitation,—après la cuisine peut-être, où l'on entendait à deux pas les craquements du tourne-broche. Ce personnage, au premier abord, n'avait dans sa personne, dans son costume et dans ses manières, rien qui fût en rapport avec l'éclat de son entourage. On eût dit un de ces nobles

campagnards dont toute la richesse était leur
vieille épée, et qui la mettaient alors avec
tant de dévouement au service du Roi ou de
la Ligue. C'était un assez bel homme, âgé
d'environ trente ans, robuste, d'une taille
moyenne mais bien prise. Ses petits yeux vifs
et petillants, son nez fortement aquilin,
sa bouche à la coupe ironique, son menton
prolongé par une barbe épaisse et son teint
bruni depuis longtemps par le soleil, of-
fraient le mélange le plus séduisant de fermeté et d'impatience, de finesse et de naïveté,
de malice et de douceur, de dignité et de
bonhomie. Quelques fils d'argent parmi ses
cheveux naturellement bouclés et une mèche
toute blanche dans l'une de ses moustaches
trahissaient les fatigues et les chagrins qu'il
avait soufferts dès l'enfance. Il portait l'habit
simple et sévère des gentilshommes huguenots de ce temps-là; les chausses collantes

jusqu'aux genoux, l'énorme trousse aux plis bouffants, le justaucorps serré à la ceinture, la fraise courte et la toque aplatie. Cette coiffure ne remplaçait que passagèrement le casque au panache blanc posé près du guerrier, à côté du corselet de fer dont venait de se délivrer sa large poitrine. Tous ces vêtements, d'ailleurs, coupés dans l'étoffe la plus modeste, étaient noirs ou de couleurs foncées, à l'exception d'une écharpe blanche, brodée d'or, qui, traversant le corselet en bandoulière, allait former un nœud sur la riche garde de l'épée. Cette parure et cette arme élégantes eussent été le seul luxe du personnage, si l'écharpe n'eût laissé voir certains cordons et certains diamants portés avec une insouciance extraordinaire, et qui formaient le plus singulier contraste avec la négligence de l'accoutrement. Pour n'en citer que deux exemples, les bottes et les chausses étaient outrageusement mouchetées de boue, et plus d'un accroc mal repris ajoutait aux décorations du justaucorps.

Assis dans un fauteuil gothique, devant l'âtre immense où brûlait un arbre entier, près d'un bahut sur lequel étaient ouverts les *Discours Militaires* de M. de La Noue et les *Vies de Plutarque*, traduites par Amyot, ce personnage, qui était Roi, car chacun lui disait *Sire* et *Votre Majesté*, recevait les soins d'une femme et d'un jeune garçon, respectueusement agenouillés devant lui. La femme n'était autre que la maîtresse du manoir, la baronne Marie-Havoise de Tré-Anna, dame du Liskoët. Bien qu'elle fût encore assez jeune, et que sa beauté lui donnât des droits à la coquetterie, elle avait l'air et les façons d'une religieuse plutôt que d'une dame châtelaine : elle portait la robe plate et le surcot du siècle passé, avec la simple coiffure en drap noir qu'on voit aux portraits d'Anne de Bretagne. Ses doigts habiles avaient relevé la manche sanglante du Roi, et entouraient d'un linge blanc comme la neige une blessure dont elle achevait le pansement. En la comparant, du reste, à celui à qui elle donnait tant de soins, on devinait bientôt qu'elle-même en avait plus besoin que personne. Sa figure était si maigre et si pâle, son corps si débile et si chancelant, qu'elle semblait près de défaillir à toute minute. Quand par hasard sa coiffe, se relevant sur ses tempes bleuâtres, découvrait les minces bandeaux de sa chevelure, on voyait avec effroi la neige glacée de l'hiver sur une tête qui pouvait compter trente-six printemps!... Ses mains délicates tremblaient donc de faiblesse, encore plus que d'émotion, en touchant aux mains vénérées du monarque, et la toux profonde qui ébranlait sa poitrine ne devait pas tarder à en arracher le dernier souffle. Du reste, la posture qu'avait alors madame du Liskoët offrait l'image fidèle de son caractère et de sa vie : c'était un de ces anges gardiens à qui le ciel donne la forme d'une femme pour les envoyer sur la terre, et qui, usés avant l'âge par un dévouement continuel, reportent leur âme à Dieu quand elle a consumé leur corps. Le jeune garçon qui secondait la baronne dans le service du Roi était, au contraire, un modèle de force et de santé. Agé de seize à dix-sept ans, il avait déjà la taille accomplie et la tournure d'un homme, et l'épée qu'il portait au côté convenait merveilleusement à son visage. Ce visage, en effet, armé d'une épaisse chevelure noire, d'un front plein d'audace, d'un regard noble et sévère, devait devenir, la barbe aidant, une excellente figure de capitaine. En attendant, messire

Odet de La Noue (ainsi s'appelait le grand garçon) nettoyait les chausses de Sa Majesté avec une ardeur digne d'un autre emploi. Il est vrai qu'il était aidé des conseils d'une gouvernante, qui l'examinait d'un œil attentif, et qui eût bien voulu s'agenouiller aussi devant Monsieur le Roi, tant elle lui trouvait la mine brave et vaillante! Cette gouvernante, superbe fille de vingt-cinq ans, tenait par la main deux petites demoiselles, si vermeilles et si fraîches, qu'on eût dit une grenade entre deux boutons de rose. C'étaient la fille et la nièce de la baronne, Aliénor du Liskoët et Blanche de Tré-Anna; la première, brune, forte et rondelette, en robe rouge à vertugadin, avec une large fraise de guipure, une chaîne d'or ciselé au cou et le toquet de soie noire sur l'oreille; la seconde, plus grande, mais plus frêle, vêtue d'une simple tunique verte et des mille boucles de ses cheveux blonds. Tandis qu'Aliénor, droite et immobile en face du monarque, le contemplait intrépidement de ses deux yeux noirs, Blanche, admirant plutôt le jeune La Noue, se laissait caresser par la main royale, dont sa tête penchée semblait implorer l'abri. Trois fois la baronne avait discrètement prié la gouvernante d'emmener ces enfants ; trois fois, à la grande satisfaction de celle-ci, le Roi les avait retenues avec une bonté paternelle.

— C'est bien, mes amis, dit-il enfin, quand la double opération fut terminée. Il ajouta en baisant courtoisement les mains de la dame : — Vous avez le sortilége des doux soins, baronne ; car, sur mon âme, je ne sens plus cette blessure. — Quant à ma toilette, reprit-il avec une ironie de bonne humeur, me voilà beau comme un roi sur son trône ; n'est-il pas vrai, jolie demoiselle ?

Ces paroles étaient à peine prononcées, qu'un baiser sonore s'appliquait sur les joues de la gouvernante. Les paroles l'avaient déjà rendue rouge comme un coquelicot ; mais le baiser l'aurait sans doute fait évanouir de joie, si le Roi ne lui eût dit de s'enquérir du retour de son maître. Elle fit la révérence avec une gaucherie charmante, reprit la main des petites filles, qui éclataient de rire, et s'enfuit emportant du bonheur pour toute sa vie... Madame du Liskoët, un peu confuse, voulait se retirer à son tour, après avoir essuyé la sueur qui découlait de son front ; mais, remarquant la fatigue dont il était cause, le Roi la fit asseoir dans son propre fauteuil.

— Je vous avais défendu de changer vos habitudes, de quitter votre chambre le matin, lui dit-il avec une brusquerie pleine de douceur. Je vous le défends encore, ajouta-t-il, en lui prenant la main, et je veux être

mieux obéi. Jarnidieu, madame du Liskoët, vous êtes une sainte; je ne vous demande que de prier pour mes péchés.

— Sire, je prie pour Votre Majesté du matin au soir, répondit la dame avec un soupir
fervent, tandis que ses mains serraient un
petit crucifix sur sa poitrine ; si mes derniers
vœux sont exaucés, le ciel répandra bientôt
sur vous la plus grande de toutes ses béné-
dictions.

— Je vous comprends, baronne, reprit le
Roi d'un air pensif... vous êtes aussi bonne
catholique que fidèle sujette, et vous ne
voulez pas que je meure huguenot... Mais
soyez tranquille, chère dame, continua-t-il
avec bonhomie, si votre Dieu n'est pas plus
méchant que moi, il n'aura jamais le cœur
de me damner.

La pieuse femme se signa, comme si elle
eût entendu un blasphème, et elle allait cé-

der la place à deux nouveaux personnages, lorsqu'elle s'arrêta effrayée à leur aspect... Ces personnages, en effet, entraient avec une vivacité qui n'était pas de leur âge, et une émotion qui devait étonner sur leurs mâles figures. L'un pouvait avoir quarante-huit ans, l'autre près de soixante. Tous deux étaient vêtus encore plus pauvrement que le roi, mais surtout infiniment plus crottés. L'aîné particulièrement, qui revenait d'une longue course, aurait été méconnaissable à voir, si un signe étrange ne l'eût distingué entre tous. Son bras et sa main gauche, perdus sur quelque champ de bataille, avaient été remplacés par un bras et par une main de fer; et rien n'était plus terrible à voir que ce membre noir et damasquiné tenant les rênes d'un cheval de guerre ou reposant sur le pommeau d'une épée. On reconnaît le célèbre Francois de La Noue, surnommé *Bras-de-Fer*, auteur du beau livre et du beau garçon, qui étaient là, précepteur militaire de Henri IV, grand homme de guerre et plus grand homme de bien, au jugement de ses propres ennemis. L'autre personnage était messire Bertrand du Liskoët, baron du Rustéfan, près Pont-Aven, en Cornouaille, noble époux de la dame de Tré-Anna, — ce que l'on n'eût pas deviné sans doute, au peu d'attention qu'il semblait lui accorder. M. du Liskoët était un de ces hommes pour qui les femmes sont la chose la moins importante ici-bas, qui préfèrent aux oreillers moelleux du lit conjugal la dure planche du lit de camp où l'on dort dans sa cuirasse, et qui donneraient toutes les délicatesses du sentiment pour abattre un renard ou un ennemi; hommes composés du même métal que le bras de M. de La Noue, à l'exception de cette partie du cœur qui s'appelle la bonté, et qui se développe souvent chez eux de façon à compenser tout le reste. Par exemple, malgré sa taille athlétique, sa crinière grisonnante, ses yeux chargés d'épais sourcils noirs, et la barbe formidable qui lui couvrait la poitrine, la figure du baron de Rustéfan tenait tout autant du mouton que du lion; cet homme devait être bon toutes les fois qu'il en avait le temps, et autant que le permettaient la violence de son humeur, la puissance de ses muscles et les douleurs de sa goutte.

— Eh bien, « mes compagnons, » à quand l'assaut? demanda le Roi au capitaine et au baron; quelles nouvelles de la mer et du camp?

— Mauvaises du côté de la mer, Sire, répondit La Noue d'une voix grave. — Trèsmauvaises du côté du camp, ajouta vivement Liskoët.

Le Roi frappa du pied, et se tourna d'abord vers le capitaine :

— Est-ce que mes pataches ne sont pas arrivées de la Rochelle ?

— La tempête les retient à Saint-Gilles, où elles ont fait relâche avant-hier.

— Vive Dieu ! s'écria le Roi, me voilà donc sans artillerie, sans provisions...

— Et sans argent, Sire, dit La Noue, tirant de sa poche une bourse vide ; le tout jusqu'à ce qu'il plaise à Dieu de faire tourner le vent au sud-ouest.

— Sans argent ! je suis sans argent ! répéta le Roi, qui retomba dans son fauteuil.

Et ces deux mots, toujours si terribles, furent suivis d'un silence plus terrible encore.

— Allons, dit enfin le monarque en se mordant la moustache, j'étais déjà mari sans femme et roi sans royaume, il ne me manquait plus que d'être général sans argent ! Mais, messieurs, reprit-il en désespoir de cause, vos riches paysans (1) me feront, du moins, crédit pour une semaine?

— Pas même pour un jour, dit La Noue; qu'en pense M. du Liskoët?

— Pas même pour une heure, répliqua le baron; nos pieux vassaux prêteraient plutôt à Satan qu'à Votre Majesté.

— Voilà qui est clair, dit le Roi; nous n'avons plus qu'à nous serrer le ventre.

Puis, se retournant vers le baron, qu'il n'avait pas encore interrogé :

— A propos, lui demanda-t-il, et mes Lansquenets?

— A propos, en effet, Sire, repartit Liskoët, car voici le pire de l'aventure : Lansquenets et Reîtres, Suisses et Anglais n'ont plus de vivres, et sont en pleine révolte; les marauds

---

(1) Francois de La Noue était né à Fresnaye, près Bourgneuf, à trois lieues de Beauvoir. (Guépin, *Hist. de Nantes.*)

n'ont écouté ni moi ni leurs chefs; je crois, Dieu me damne! qu'ils ne vous écouteraient pas vous-même; ils refusent de travailler aux tranchées, dévorent le cuir de leurs bandoulières, et se font des chausses avec leurs enseignes. Une partie demande à manger; la plupart demandent à boire; tous demandent leurs montres ou le pillage. Chacun parle, crie et hurle dans sa langue. En un mot, le camp de Votre Majesté n'est plus qu'une tour de Babel, et les cinq cents diables de l'enfer y perdraient leur latin. Mais, tenez! ajouta le châtelain en s'essuyant le front, vous allez en juger par vous-même, car voilà que les brigands quittent leurs postes...

Le Roi s'approcha, non sans agitation, d'une fenêtre ouverte sur la campagne, et par laquelle un grand bruit venait d'arriver à son oreille. Il distingua, à un demi-mille du manoir, une troupe de piétons débandés, accourant, avec des cris séditieux, sous une pluie battante, ayant la fange et l'eau jusqu'aux genoux dans les chemins creux, et suivant leur cornette à cheval, qui laissait traîner derrière lui son étendard. La même scène et le même tumulte se reproduisaient de distance en distance, à travers le voile humide de l'atmosphère ; on voyait que les plus faibles cédaient au torrent, dont les plus fermes ne pouvaient arrêter le cours; et le camp tout entier allait offrir l'horrible tableau d'une armée en déroute.

— «Ventre-saint-gris» (1)! dit en pâlissant le Roi, — qu'il n'est plus besoin de nommer après ce mot, mais dont il est temps d'expliquer la position.

---

(1) Tous les mots historiques de Henri IV seront entre des guillemets. Il faut, suivant le précepte de l'Évangile, rendre à César ce qui est à César, et au Béarnais ce qui n'appartient qu'à lui.

Henri de Bourbon, roi de Navarre, qu'on appelait encore Henri le Béarnais, en attendant qu'il devînt Henri le Grand, ne joignait alors à sa royauté d'outre-monts que le titre de chef des calvinistes. Obligé de conquérir ville par ville les États qu'on lui disputait d'avance, il tenait tête, avec sa petite armée de fidèles gentilshommes, de huguenots français et de protestants du Nord, non-seulement aux Guises et aux Ligueurs qui ne reconnaissaient ni lui ni Henri III, mais encore à Henri III lui-même qui n'admettait point ses droits à la couronne de France; à Philippe II, roi d'Espagne, qui ménageait les siens derrière la Sainte-Union Catholique, et à Emmanuel de Lorraine, duc de Mercœur, qui commençait, sous le même couvert, à s'emparer de la Bretagne. On sait que cette guerre civile, la huitième depuis trente ans, fut appelée la *Guerre des Trois*

Henri, du nom des principaux compétiteurs : Henri de Valois, Henri de Guise et Henri de Bourbon. Après avoir d'abord écrasé, dans la plaine de Coutras, ces mignons de soie et de velours, dont la mort fut la meilleure action de leur vie, l'alerte Béarnais s'était retourné contre l'hydre de la Ligue, résolu d'en abattre la première tête en Bretagne. Il avait d'ailleurs à défendre, dans le bas Poitou, la place importante de Montaigu, que Mercœur menaçait avec quatre régiments de l'Union, parmi lesquels figurait le terrible régiment de Saint-Paul. Équiper à la hâte deux pataches à la Rochelle, y jeter son artillerie de siége et ses munitions, s'élancer lui-même par terre avec quelques milliers de Lansquenets, délivrer Montaigu chemin faisant, pousser les Ligueurs jusqu'aux faubourgs de Nantes, et se replier contre Beauvoir-sur-Mer, tout cela fut pour Henri l'affaire d'une promenade. Mais pourquoi s'attaquait-il à une bicoque telle que Beauvoir? C'est ici qu'on reconnaîtra le grand politique et le grand capitaine. D'abord, on a vu que cette bicoque, bien défendue, pouvait devenir imprenable : le Béarnais avait apprécié d'un coup d'œil les avantages de cette position. Dominant de là le comté Nantais, il faisait une descente à Saint-Nazaire; il enlevait Guérande, la plus forte place du pays, et il s'emparait des embouchures de la Loire et de la Vilaine; alors il creusait une tranchée profonde au nord, à partir du sillon de Bretagne; une autre à partir de l'étier de Méan, jusqu'à l'extrémité de la première. Il mettait ainsi Guérande, le Croisic et Saint-Nazaire à l'abri d'un coup de main; il s'assurait du fertile territoire compris entre la Loire et la Vilaine; il refoulait le duc de Mercœur jusqu'au fond de la basse Bretagne; et, au moyen d'un impôt sur le sel et les navires, il gagnait plus d'un million par an. Qu'on se figure, au contraire, la situation du Béarnais, si une telle combinaison avortait devant une tempête et une révolte! Sans troupes, sans artillerie, sans argent, au fond d'un pays perdu, il se trouverait à la merci de ses ennemis, au lieu de les dominer; et, pour peu qu'on l'acculât sur la côte, il ne pourrait que s'enfuir à la Rochelle, ou mourir avec ses derniers compagnons!

Le Roi demeura longtemps pâle et silencieux devant la fenêtre du manoir, tressaillant aux clameurs affamées des Lansquenets, et suivant d'un sombre regard la décomposition de son armée... Son hôte et son capitaine attendaient ses ordres dans le même silence, convaincus que le premier de tous serait la mort des chefs de la révolte; mais quelle fut leur surprise de voir le Roi passer une main sur ses yeux et murmurer avec attendrissement :— « Pauvres soldats !... » Oui, messieurs, poursuivit-il, en se retournant vers les gentilshommes, et en marchant à grands pas dans la salle : n'oublions pas que ces soldats sont les derniers, c'est-à-dire les plus braves, de l'armée taillée en pièces par Guise et d'Épernon ; voilà près d'un an qu'ils suivent ma fortune et mon drapeau sur la foi de mes promesses, vivant, Dieu sait de quoi, dormant une heure par semaine, marchant la nuit pour se battre le jour, chargeant leurs mousquets avec les boutons de leurs justaucorps. A ne les payer qu'un sou par montre, je leur dois plus de douze mille livres ! « Jarnidieu ! n'ont-ils pas le droit de me demander un verre d'eau-de-vie ? »

La Noue avait écouté ces paroles avec la joie d'un bon maître, heureux de se voir surpassé par son élève; mais le baron, qui avait de tout autres idées, fut scandalisé de la faiblesse du Roi. Il saisit même cette occasion pour lui adresser, avec sa rudesse bretonne, un reproche qu'il avait depuis quelque temps sur les lèvres :

— J'oserai faire observer à Votre Majesté, dit-il, que s'il est héroïque de pardonner aux rebelles, il eût été politique de prévenir la rébellion.

— Et comment cela, monsieur du Liskoët? demanda fièrement le Béarnais.

— En ne restant pas six jours au couvent de l'Ile-Marie, répondit le baron... Et il ajouta entre ses dents : Pour les beaux yeux de madame la prieure !

Toute téméraire qu'elle fût, cette remontrance était assez juste. On sait que le Béarnais se préparait à adorer le vrai Dieu, en adorant les religieuses, ses jolies épouses.

Aussi les prédicateurs de la Ligue lui reprochaient-ils de troubler le ménage du Seigneur, dans des termes qui n'ont plus cours depuis les comédies de Molière... Ayant eu l'honneur de recevoir l'aimable huguenot qui devait bientôt gouverner la France, la jeune prieure de l'Ile-Marie avait rêvé une gloire plus douce et non moins grande que celle de Judith. Mais cette gloire était réservée aux prédications plus éloquentes ou plus heureuses de l'abbesse de Montmartre, et, quoique la prieure eût employé tous ses moyens pour convertir Holopherne, celui-ci ne lui avait laissé que les plus tendres regrets... avec une boucle de ses cheveux. Cependant le galant Béarnais s'était oublié plusieurs jours au milieu des saintes joies du couvent; la tempête et les pluies étaient survenues dans l'intervalle, et Mercœur avait eu le temps de jeter ses Ligueurs dans Beauvoir. — Bast! avait dit le Roi, se consolant par un bon mot : « Si nous n'avons pas vu comment ils sont entrés, nous verrons bien comment ils sortiront! » Mais il était arrivé trop tard devant la place pour en faire les approches. Voilà en quoi, sauf la forme et l'à-propos, le seigneur du Liskoët avait raison. Malheureusement le maître n'était pas moins violent que le serviteur; car une tête de Béarnais vaut une tête de Breton, et c'est le défaut des hommes francs d'interdire la franchise aux autres. L'observation intempestive du châtelain ne fit donc que changer en colère le chagrin de Henri, et il lança à son hôte une parole si cruelle, que celui-ci mit la main sur la garde de son épée... La Noue réprima le mouvement de son ami, tandis que la baronne le dérobait aux yeux du Roi; et, l'un gardant le reproche, l'autre l'offense, la chose en resta là pour le moment....— Toutefois, comme il fallait revenir aux Lansquenets, le châtelain demanda gravement au monarque :

— Lorsque ces marauds-là auront suivi leur bon plaisir, avec qui Votre Majesté prendra-t-elle Beauvoir ?

— Avec ces marauds-là même, dont je ferai des héros à un sou par jour! s'écria le Béarnais. Total de l'arriéré, douze mille livres, que je vais de ce pas...

— Leur promettre, Sire? interrompit La Noue. Votre Majesté oublie-t-elle donc?...

— Je me souviens, au contraire! dit le Roi, qui le prit à part : « Vous me prêterez encore cette somme, mon cher maître. »

— Moi! balbutia le capitaine embarassé, moi vous prêter...

Il serra la main de Henri avec reconnaissance; mais il baissa tristement les yeux, et laissa échapper un soupir...

— Vous me refusez, mon ami? dit le Béarnais étonné.

— Hélas! répondit La Noue, je voudrais que mon sang fût de l'or! Mais, ajouta-t-il avec un geste significatif : « Votre créancier, Sire, est aussi gueux que son débiteur! »

— Il se pourrait! se récria le Béarnais confus; je vous ai donc ruiné, Jarnidieu! Combien vous dois-je en tout?

— Je n'en sais rien, repartit le capitaine en souriant; vous réglerez ce compte avec mon fils, quand j'aurai eu le bonheur de mourir pour Votre Majesté.

Le monarque attendri voulut embrasser son serviteur; mais celui-ci s'était déjà dirigé vers le baron. La même scène se répéta à demi-voix; et par malheur elle eut le même dénoûment. Depuis l'arrivée du Roi à la Bonnetière, Liskoët puisait sans compter dans son coffre-fort.

— Et, ma foi, tant va la cruche à la fontaine, dit-il...

— Qu'à la fin la fontaine est épuisée. Je m'y attendais, soupira La Noue.

Alors les trois personnages se regardèrent, en portant machinalement la main sur leurs goussets vides; et, de même que les augures de l'ancienne Rome, ils ne purent se considérer sans rire.

— Voilà un Roi, un capitaine et un baron qui ne se battront pas pour la préséance, dit le Béarnais. Mais comme les cris des Reîtres s'approchaient en redoublant : — Il ne faut pourtant pas que ces braves meurent d'inanition ! reprit-il avec force... Ah ! voici du moins, en attendant mieux, de quoi les faire boire à ma santé !

Et il allait arracher les ordres suspendus à son cou, lorsque Liskoët osa lui arrêter la main... La figure du Roi devint pourpre de colère, car il crut que le baron s'oubliait de nouveau... Mais celui-ci, s'étant incliné profondément, alla ouvrir un grand buffet sculpté. En même temps, les cris d'un enfant retentirent dans la pièce voisine, et la baronne, qui venait de sortir de la salle, y rentra précipitamment. Le mari et la femme, sans se consulter, avaient eu la même pensée au même instant. Pendant que l'un mettait l'argenterie du ménage à la disposition du Roi, l'autre lui apportait les trésors de l'écrin de noce : quelques bracelets enrichis de pierreries, un frontier massif en vermeil, deux colliers de perles fines, et une chaîne d'or que la mère venait d'enlever à sa fille en pleurs. La religion de la première ne pouvait, certes, mieux s'immoler à son dévouement, ni le cœur loyal du second mieux expier l'imprudence de ses lèvres.

— «Ventre-saint-gris!» balbutia le Béarnais,

dont une larme humectait la paupière ; un prince qui a de tels serviteurs n'est-il pas le plus riche des hommes ! — Savez-vous ce que vous mériteriez, mes amis ? ajouta-t-il en réunissant les mains de ses hôtes dans les siennes ; vous mériteriez que je vous prisse au mot en acceptant vos offres ! mais j'aurai d'autres occasions de vous faire ce plaisir.

Un tel refus n'était pas propre à décourager les châtelains ; aussi le dialogue suivant s'établit-il entre eux, tandis que le Roi s'entretenait avec La Noue.

— J'ai connu, dans le temps, un usurier à Challan, baronne ?

— Maître Jean Mahé, le collecteur ; il prête toujours, monsieur ; mais seulement aux pauvres gens, pour plus de sûreté.

— Et à Machecoul ?

— Il y avait M. Martin Dulaury, le commis

de l'arrière-ban; mais il a transporté son siége à Noirmoutier, depuis les nouvelles ordonnances.

— A Noirmoutier? murmura le baron; Corps-Dieu! c'est trop loin.

— Je sais bien l'homme qu'il nous faudrait, reprit la baronne après un silence.

— Comment s'appelle-t-il?

— Merlin-le-Pillaouer.

— Ce pauvre marchand de chiffons, qui court la Bretagne sur sa haridelle?

— Ce marchand de chiffons est plus riche que le Roi; c'est le cas de le dire. Il affiche tous les métiers sur les chemins et dans les pardons; mais, en ces temps de trouble et de détresse, son vrai métier n'est autre que l'usure. Plus d'un noble capitaine a remonté son équipage aux frais de Merlin, et s'il savait la bonne occasion qu'il trouverait ici!... Mais il sera retourné en basse Bretagne.

— Est-ce qu'il est venu dans ce pays?

— Un de vos écuyers l'a vu, la semaine dernière, à la foire de Bouin.

— Il y est peut-être encore! dit vivement Liskoët... Envoyez-y cet écuyer de ma part! Six livres pour lui... si nous les avons!... Encore un mot, baronne; n'auriez-vous pas en attendant quelques provisions pour ces Lansquenets enragés?

— Hélas! monsieur le baron, la cave et le grenier sont épuisés depuis trois jours. Il ne me reste plus que l'office et la basse-cour pour la table de Sa Majesté, si toutefois les arquebuses de ces hérétiques ne traitent pas mes canards comme vos pigeons!...

— Alors, que le diable leur donne à dîner! Vite à mon écuyer, baronne!

Tout exténuée qu'elle fût, madame du Liskoët courut obéir, et le Béarnais resta seul avec les gentilshommes... La bande de Lansquenets venait de franchir l'avenue, et les cris : — Le pillage ou nos montres ! le pillage ou des vivres ! ébranlaient tout le manoir.

— Eh bien, Sire, demanda La Noue, que décide Votre Majesté ?

La plus vive perplexité se peignit sur le visage de Henri. Il croisa les bras, fit trois tours dans la salle, et s'arrêta dans une immobilité effrayante. A la fin, se frappant le front, et posant son lourd morion sur sa tête :

— A cheval, « mes compagnons ! » s'écria-t-il, j'en reviens à ma première idée ! Allons annoncer à mes soldats qu'ils vont avoir des vivres, et que le Roi payera demain toutes ses dettes !

— Toutes vos dettes ! demain ! répétèrent les gentilshommes stupéfaits ; grand Dieu ! mais Votre Majesté n'y songe pas !...

— Ma Majesté engagera sa tête, s'il en est besoin! Une fois ma parole donnée, Ventre-saint-gris! il faudra bien qu'elle s'accomplisse. Comme la foi, la volonté arrête le soleil, transporte les montagnes et peut changer le vent. Le seul moyen de faire l'impossible, mes amis, c'est de le rendre nécessaire. Vous verrez que d'ici à demain Dieu ou le diable me viendra en aide!

II

En prononçant ces paroles, le Roi était arrivé dans la cour, et il se trouva en face des Lansquenets qui venaient d'y entrer en même temps. Or, parmi cette soixantaine d'hommes haletants, échevelés, ruisselant de sueur et de fange, c'était à qui crierait le plus fort : — Le Roi tarteif! le Roi! nous fouloir ine autience d'i Roi! nous fouloir barler au Roi!...

— Parlez donc, car le voici! dit le Roi lui-même en se montrant; mais, Ventre saint-gris! parlez plus bas!

Et, à l'aspect imprévu de cette figure calme et sereine, au bruit de ces simples mots qui les avaient exaltés souvent, les plus turbulents demeurèrent si cois, qu'il fallut leur répéter : — Parlez donc!

— Mais d'abord, reprit le Béarnais, serrez les rangs! haut l'arquebuse! et l'étendard debout!

Le cornette, qui avait son drapeau entre les jambes, le releva prestement; chacun en fit autant de son arme, et toute la compagnie se rangea comme pour la montre.

— A la bonne heure! poursuivit le Béarnais. Maintenant, pourquoi avez-vous quitté la tranchée?

Le cornette s'avança avec une gravité comique, et balbutia les griefs de la compagnie, dans un langage qui exigerait une traduction. Il réclamait en général un à-compte sur les deux cent-quarante montres dues à ses camarades, et en particulier « guelgue poisson de n'imborte guoi bour poire au serfice de Sa Mâchesté. » Il attesta le corps du Christ, que lui et ses soldats n'avaient pris qu'un peu de pain trempé d'eau depuis vingt-quatre heures; mais il ne fut pas médiocrement surpris de voir ce serment accueilli par un bruyant éclat de rire. C'est que le Roi et tous les assistants venaient de s'apercevoir que le digne cornette était gris comme un simple Lansquenet. On avait d'abord attribué l'embarras de sa langue et l'incertitude de son équilibre à un motif beaucoup plus intéressant; mais le demi-tour qu'il fit sur lui-même, en jurant qu'il était à jeun, ne pouvait laisser aucun doute sur son véritable état. On reconnut alors que la compagnie entière n'avait rien à envier à son chef, et le Roi trouva l'argument si nouveau chez des gens altérés, qu'il voulut en avoir aussitôt l'explication. Alléchés dans le village par le fumet d'une pipe de vin que des paysans mettaient en perce, les Lansquenets avaient fait main-basse sur ce trésor, et chacun d'eux s'était rempli jusqu'à la gorge. Le Roi, qui rêvait la poule au pot pour son plus pauvre sujet, ne pouvait, certes, pardonner un tel attentat. Aussi allait-il ordonner à ses gardes d'arrêter tous les ravisseurs, lorsqu'il changea d'avis en songeant à leur nombre, et feignit d'accueillir leur réclamation.

— « Camarades, leur dit-il, il faut que tout le monde vive; » déposez donc ici vos armes, et allez attendre dans la tour le dîner qu'on vous servira. Il sera de ma façon, et vous verrez que je traite bien mes amis !

Pendant que les soldats crédules s'empressaient d'obéir, Henri fit un signe d'intelligence au châtelain, le châtelain le transmit à ses écuyers... et en dix minutes toute la bande fut prise au trébuchet.

— A merveille ! dit le Roi en montant à cheval, voilà qui suffira pour intimider les plus rebelles ! Allons maintenant essayer de la persuasion sur les autres !

Cependant les captifs, dégrisés au bruit des verrous, poussaient des hurlements qui échauffèrent les oreilles du baron ; mais le Roi ordonna sagement qu'on les laissât faire, et prit le chemin du camp avec ses officiers.

Le seigneur du Liskoët, en franchissant le portail du manoir, jeta un coup d'œil vers la campagne, et se dit : — C'est à merveille ! Il avait aperçu son écuyer s'élançant ventre à terre sur la route de Bouin...

Lorsque le Béarnais traversa le village, il ne manqua pas de se faire indiquer les paysans volés par les Reîtres; il entra seul chez ces braves gens, et leur laissa, avec une bague de cinquante écus, des paroles qui étaient sans prix. Puis, comme on lui reprochait cet oubli de sa sûreté chez des ennemis de sa personne ou de sa religion :

— Je viens d'en faire des amis, dit-il en montrant les villageois attendris jusqu'aux larmes. D'ailleurs « où avez-vous vu, mes compagnons, qu'un roi ait été assassiné dans une chaumière? »

Le Roi chargea Liskoët de porter ses instructions aux compagnies françaises, que la révolte n'avait pas gagnées encore; et piquant des deux avec La Noue et son fils vers le quartier des Lansquenets, il se jeta lui-même au milieu des bandes les plus désordonnées... Or, pendant qu'à l'annonce de la solde, la discipline se rétablissait chez ceux-ci comme par enchantement, le tumulte et la confusion semblèrent passer du côté des Français ; si bien que Liskoët revint, tout éperdu, demander au Roi comment il s'y était pris.

— Tout autrement que vous, baron, dit le Béarnais. Vous vous êtes emporté, à ce que je vois...

— J'ai même frappé, Sire, et il y a un drôle qui s'en souviendra !

— Voilà pourquoi vous avez excité les plus dociles ; moi, j'ai souri et pardonné ; voilà pourquoi j'ai apaisé les plus rebelles. « Souvenez-vous qu'on prend plus de mouches avec une cuillerée de miel qu'avec un tonneau de vinaigre. » — Je vais vous en donner une

autre preuve, ajouta-t-il en se retournant :
— Où est le prisonnier du jeune La Noue?...

On amena un bas Breton gigantesque, en bragow-braz et en cotte de maille, dont la tête superbe et résolue secouait une immense chevelure. Odet de La Noue l'avait pris de sa main dans une embuscade où il couchait le Roi en joue, et celui-ci l'avait reconnu pour l'homme qui l'avait déjà blessé la veille. La fermeté de ce colosse ne put soutenir le regard pénétrant du Béarnais ; et, croyant y lire sa sentence fatale, étonné d'ailleurs de vivre encore, il fit le signe de la croix pour se disposer à mourir, et s'agenouilla comme un martyr qui attend sa couronne.

— Comment t'appelles-tu? lui demanda Henri.

— Iwen-Vraz, de la paroisse de Tréogat en Cornouaille, arquebusier sous M. de Ville-

Serin, lieutenant de M. le duc de Mercœur.

— Pourquoi voulais-tu me tuer?

— Parce que vous venez en Bretagne mettre le feu aux églises et massacrer les gens qui vont à la messe!

— Qui t'a dit cela?

— Les saints qui en ont reçu l'avertissement d'en haut.

— Et ils t'ont recommandé de tirer au panache blanc pour gagner les indulgences? Mais tu vois bien que tes saints ont menti, puisque tu n'es pas mort.

— Je n'en vaux guère mieux; et le Seigneur va m'appeler; mais du moins j'irai droit au ciel.

— Tu irais droit en enfer, si les méchants qui t'ont poussé t'y laissaient de la place... Voyons, regarde-moi, Jarnidieu; tu es beau garçon; tu dois être brave! Tu as la mine d'un assassin, comme moi d'un brûleur d'églises; ainsi, nous pouvons nous entendre. Ce n'est point pour de l'argent que tu as voulu me frapper, n'est-ce pas?

— Pour de l'argent! s'écria le bas Breton d'un ton si fier, que le Béarnais lui dit :
— Lève-toi!...

Iwen redressa sa haute taille avec l'étonnement d'un mort qui ressusciterait, et considéra le roi d'un air d'admiration mêlé de défiance.

— Au lieu de tendre des embûches comme un brigand, veux-tu te battre désormais en loyal soldat?

— Vous ne me faites donc pas mourir? dit le paysan stupéfait.

— Veux-tu expier en fidèle chrétien le crime que tu as failli commettre?

— En fidèle chrétien! vous ne reniez donc pas le bon Dieu?

— Si tu veux me promettre cela, je te fais

grâce ; tu es libre de reprendre tes armes et de retourner à Beauvoir...

— A Beauvoir ! Libre !... Grâce !... balbutia le Breton hors de lui... Et, mille émotions lui coupant la parole, il ne put que se jeter aux pieds du Roi, qu'il arrosa d'un torrent de larmes.

— Allons, ton repentir est sincère, dit le Béarnais ; va conter à tes camarades comment je tue les gens qui vont à la messe.

— Est-ce que vous permettez à vos soldats d'y aller ? demanda le paysan, qui releva la tête.

— Je l'ordonne même à ceux qui sont catholiques, et j'en ai, Dieu merci, plus d'un régiment.

— Je pourrais donc faire ma religion, si j'étais dans votre armée ?

— Assurément.

— Oh bien ! Monsieur le Roi, dit Iwen en

joignant les mains ; donnez-moi la dernière place entre vos serviteurs, et permettez-moi de mourir pour vous !...

— C'est ce que je te défends, au contraire ; car je vois que tu seras un de mes braves !

Henri fit baiser au Breton la main qu'il avait ensanglantée la veille ; puis il le donna à La Noue pour une de ses compagnies, et il dit au baron de Rustéfan :

— « Le plaisir qui suit la vengeance ne dure qu'un moment, celui que procure la clémence est éternel. D'ailleurs, les bons rois doivent être comme les bons pharmaciens, qui, des plus mortels poisons, font les plus salutaires antidotes. »

— Maintenant, parlons raison, poursuivit le Béarnais en reprenant le chemin du manoir ; ce n'est pas tout de recruter de beaux soldats; les beaux soldats sont chers et de grand appétit : il faut donc les nourrir et les payer à leur taille. Or, nous venons de promettre aux nôtres des vivres pour aujourd'hui et de l'argent pour demain : quel est le moyen de faire tout cela de rien, mes compagnons?

— Il y a quarante ans que j'apprends la guerre, dit La Noue ; ce moyen-là m'est encore inconnu.

— On trouverait l'argent par un emprunt, ajouta Liskoët en regardant du côté de Bouin ; pour ce qui est des vivres, à moins d'un miracle renouvelé de l'Évangile...

Il s'interrompit en voyant une foule extraordinaire devant la porte du manoir.

— Ventre-saint-gris ! voilà le miracle, s'écria joyeusement le Béarnais.

Il venait de reconnaître : d'une part, le chapelain, les sommeliers, jardiniers et fermiers de l'Ile-Marie, qui lui apportaient dans une charrette à quatre bœufs un léger souvenir de la prieure; et, de l'autre, tous les paysans du village chargés d'une multitude de provisions. L'histoire de la bague avait fait le tour de la paroisse, et assuré au généreux monarque un crédit illimité. Quant au souvenir du couvent, il consistait en nombreux paniers de fruits et de légumes, avec trois cents bouteilles de vins de Gascogne et d'Anjou, cinquante flacons de liqueurs fines, et deux cents livres de confitures nouvelles. Le tout était détaillé dans une lettre de la prieure au Béarnais, confiée aux mains discrètes du chapelain, et dont la chronique a perdu le post-scriptum... Après avoir jeté un tendre coup d'œil à cette lettre, Henri la serra précieusement dans son justaucorps, et reçut les présents du village et du monastère, avec cette bonne grâce qui double la reconnaissance. Puis, ayant prélevé sur les uns et sur les autres la part de ses hôtes et de ses officiers, il ordonna de porter tout le reste au camp...

— Et les confitures aussi! s'écria le chapelain scandalisé.

— Surtout les confitures, mon père! Vous verrez que mes Reîtres sont des gourmets...

Les murmures du moine se perdirent dans les cris de *Vive le Béarnais!* auxquels plus d'un paysan ligueur mêla sa voix sans s'en douter; de sorte qu'enlevé par l'enthousiasme général, le saint homme obéit en se disant pour consolation :

— Les voies du Seigneur sont profondes et impénétrables. Qui sait si le miel de ces friandises ne sera pas celui de la grâce pour quelques-uns de ces frelons hérétiques?...

Le fait est que l'envoi du couvent fut accueilli par les huguenots comme une manne céleste ; mais l'histoire ne nous apprend pas que le chapelain ait rapporté aucune abjuration avec ses paniers vides.

— Eh bien, dit le Béarnais à ses compagnons en rentrant au manoir ; quand je vous jurais que Dieu ou le diable me viendrait en aide ! Voilà déjà que Dieu m'a envoyé des vivres ; gageons que le diable m'apportera bientôt de l'argent !...

— Vous gagneriez, Sire ; car le voici en personne, s'écria le baron, — qui venait d'apercevoir le Pillaouer, trottant derrière son écuyer.

III.

Merlin (que les bas Bretons appelaient *Merzin*) avait assez l'air du diable, en effet,

si la laideur est l'attribut de l'esprit du mal.
C'était un petit homme, maigre ou plutôt décharné, dont il eût été impossible de fixer l'âge. A compter les rides multipliées de son visage de parchemin et les rares cheveux gris qui pendaient de sa nuque, on eût dit un vieillard desséché par le temps; mais on voyait bientôt que des ressorts d'acier soutenaient intérieurement ce squelette, que sa tête chauve cédait à l'habitude de regarder en dessous plutôt qu'au fardeau des années, et qu'une étincelle encore vivace et pénétrante se cachait sous le voile oblique de ses paupières. Moins problématiques que sa physionomie, ses vêtements étaient franchement misérables. Guêtres, bragow-braz, gilets et jupen avaient été taillés, d'une main avare, dans la même pièce de bure grossière et jaunâtre. Un bonnet, jadis blanc, que l'usage avait mis en harmonie avec le reste, était

recouvert d'un vieux chapeau de la même nuance, dont les larges bords, n'ayant plus de mailles pour les retenir, tombaient comme un cercle de visière autour de la figure du personnage. La seule partie de ce costume qui eût de la valeur était la ceinture. Composée d'une certaine peau brune, remarquable par sa souplesse, sa force et sa légèreté, elle faisait cinq ou six fois le tour du corps, qu'elle défendait comme une cuirasse depuis le milieu du gilet jusqu'au bragow-braz, et se fermait sur la hanche au moyen d'un cadenas d'acier, véritable chef-d'œuvre de serrurerie.

Maintenant, quel était au moral Merlin-le-Pillaouer? C'est ce que son nom indiquerait imparfaitement, car ce nom n'était qu'une trompeuse enseigne. Les Pillaouer (mot à mot *Guenilleurs*) sont les chiffonniers de la basse Bretagne. On appelle ainsi toute une race de pauvres paysans nomades, qui descendent surtout des montagnes d'Arez, vont quêter, sur leurs bidets étiques, des chiffons pour les papeteries, et exercent, chemin faisant, quelque petit métier, particulièrement celui de commissionnaire. Merlin fut sans doute, au seizième siècle, l'inventeur de la *spécialité* (qu'on nous passe ce barbarisme moderne); et, comme tous les inventeurs en petit et en grand sont des hommes de génie, comme d'ailleurs la fabrique du papier languissait encore dans les langes de l'imprimerie, sa sœur, Merlin accapara, sans brevet, tous les métiers que comportait sa vie errante : créant la profession de colporteur en même temps que celle de chiffonnier, visitant les manoirs, les cités et les hameaux, vendant tout ce qui pouvait se vendre, aux foires, aux assemblées et aux pardons. De là à vendre de l'argent, il n'y avait qu'un pas;

Merlin le franchit en habile homme, et il se fit usurier. Il prêta d'abord quelques écus aux paysans dans les campagnes; puis des sommes plus fortes aux bourgeois dans les villes; puis des sommes plus fortes encore aux gentilshommes dans leurs châteaux; enfin des sommes extraordinaires aux capitaines à la tête de leurs compagnies. Ceci devint bientôt la corde d'or de son arc, grâce aux malheurs du temps et aux vicissitudes de la guerre; et Liskoēt était peut-être le seul guerrier nécessiteux qui n'eût pas encore donné sa signature au Pillaouer. D'où provenait, au reste, un tel homme; quelles étaient sa patrie, sa demeure, sa famille, ses affections? Les mieux informés ne savaient presque rien là-dessus. Sauf une pauvre cabane dans le pays de Kemper, sa patrie était sur les grands chemins, et sa demeure sur la selle empaillée de sa haridelle;

sa famille se composait d'un enfant sourd-muet, déguenillé, pieds nus, qui l'accompagnait, sous le nom de Piarik; et le seul ami qu'on lui connût était un noble partisan de la Cornouaille, le fameux Mor-Vaniel le Ligueur, dont il ne prononçait le nom qu'avec un pieux respect.

Tel était l'homme que Liskoët annonça comme un messie au roi de Navarre, et qui allait balancer, avec quelques écus, les destinées de la France !

Assis en travers sur son bidet, les pieds d'un côté, tandis que Piarik les avait de l'autre, Merlin traversa, avec un effroi mêlé de dédain, les deux haies de soldats qui gardaient le manoir. Il chercha longtemps dans la cour une place qui lui convînt pour son cheval, et, après huit ou dix tours à droite et à gauche, il allait demander que la bête

entrât avec lui dans la salle, s'il n'eût craint
de faire soupçonner son secret. Ce secret paraissait enfermé dans les poches arrondies
d'un bissac attaché avec soin sur le devant
de la selle, et si artistement tordu que la
main la plus adroite n'aurait pu s'y glisser.
C'était là toute la charge du bidet, avec deux
sacs de blé noir, jetés négligemment au fond
des paniers. Merlin en confia la garde à Piarik, en lui adressant un signe qui fit trembler l'enfant, et il prit le parti d'attacher
son cheval en face des fenêtres, de façon à
pouvoir le surveiller de l'intérieur.

Un quart d'heure après, le Pillaouer était
en présence des seigneurs du Liskoët et de
La Noue qu'il reconnut parfaitement, et du
Béarnais qu'il prit pour un gentilhomme de
leurs amis. Après leur avoir prodigué des sa-
luts qui ne lui coûtaient rien, il se plaça
près d'une fenêtre en face d'eux, tenant son

chapeau d'une main, et de l'autre son pen-bas. Le Roi considérait cet étrange ambassadeur avec un étonnement mêlé de honte et d'admiration...

— Sire, dit le baron à demi-voix, si l'arriéré de vos montres s'élève à douze mille livres, il serait sage d'en réserver six mille pour attendre vos pataches; c'est donc dix-huit mille livres au moins qu'il s'agit d'emprunter à ce juif?

Henri fit un signe d'approbation, et Liskoët, allant droit au but, dit à Merlin :

— Il nous faut dix-huit mille livres, manant; les as-tu sur toi ou sur ta bête?

— Sur ma bête, Sainte-Marie! se récria le Pillaouer effrayé de cette supposition, et jetant un regard rapide sur la cour; est-ce que cette pauvre Mamm a jamais un denier sur elle?

— J'ai dit sur ta bête ou sur toi? As-tu dix-huit mille livres, enfin?

— Hum, hum, dix-huit mille livres, répéta l'usurier entre ses dents... ce n'est pas pour prêter une telle somme que j'ai échiné ma monture à suivre au galop votre écuyer.

Le baron crut qu'il avait trop demandé, et il réduisit ses prétentions à quinze mille livres; mais quelle fut sa surprise d'entendre le Pillaouer répliquer avec dédain :

— Quinze mille livres, Sainte-Marie! A des gentilshommes comme vous, messeigneurs, et après le chemin que j'ai fait, je ne prêterai pas moins de dix mille écus!...

Ce fut le tour des emprunteurs de se récrier.

— Vive Dieu! dit le Béarnais; qui es-tu donc, maraud, et où mets-tu tant d'argent? Tu n'en as pourtant pas entre cuir et chair, ce me semble!

Merlin recula jusqu'à la croisée, sous le regard perçant du Roi, murmurant avec méfiance : — Est-ce que c'est vous qui empruntez, monseigneur ?

— Non, dit le baron, c'est moi, et je suis pressé... Je te demande cinq mille écus sur ma signature.

Un sourire sardonique effleura les lèvres du Pillaouer.

— Je vous donnerai trente mille livres sur un gage solide, monseigneur; sur votre signature, j'ai bien l'honneur de vous saluer.

Il s'inclina d'une façon qui formait le plus malin contraste avec l'insolence de son refus, et il allait franchir la porte, lorsque le baron, furieux, le repoussa dans la salle :

— Oublies-tu, misérable, que tu parles à un seigneur du Liskoët et de Rustéfan ?

— Voilà de quoi me le rappeler si je l'oubliais, dit Merlin en regardant son poignet meurtri. Mais, décidé à tout souffrir pour l'affaire d'or qu'il avait flairée, il se garda bien d'augmenter la colère du châtelain. Il rabattit même quelque chose de ses prétentions, et offrit vingt-cinq mille livres sur bonne garantie.

— Quelle meilleure garantie que ma signature? reprit Liskoët avec hauteur...

La Noue prévint la réponse du Pillaouer, et dit : — J'y joindrai la mienne.

— Je vous remercie humblement, monseigneur; mais en ces temps de troubles et de guerres civiles, qu'est-ce que deux signatures?

— Eh bien, tu en auras trois! dit le Béarnais. Cela te suffit-il?

Le Pillaouer observa le Roi du coin de l'œil, compara la modestie de ses vêtements à la richesse de son écharpe, et répondit en hochant la tête : — Cela ne me suffit point, messire; sauf le respect que je vous dois.

Henri fit signe à La Noue de contenir le baron, et s'approchant lui-même du Pillaouer étonné :

— Ah ! tu n'as pas confiance en moi, maître arabe ? lui dit-il, et tu oses me le déclarer en face ! Jarnidieu ! si pourtant j'étais meilleur gentilhomme que tous les gentilshommes de France ?

— Je n'ai pas dit, monseigneur, que je leur prêterais sur parole plus qu'à vous.

— Si cette armée qui t'entoure, et dont l'aspect t'a fait trembler dans tes guenilles, était à moi depuis le premier capitaine jusqu'au dernier goujat ?

— Mauvaise propriété, sur laquelle je n'engagerais pas une pistole. Il faut que les armées coûtent plus qu'elles ne rapportent, puisque leurs chefs empruntent à de pauvres diables comme moi.

— Enfin, si je n'avais qu'un geste à faire

pour m'assurer de toi, de ta bête et de ton trésor, sans que personne au monde eût à m'en demander compte?

— Cela n'augmenterait guère ma confiance en vous, monseigneur... Mais vous êtes incapable d'une telle méchanceté.

Ce mot ne laissa pas de faire quelque plaisir au Béarnais, et il allait poursuivre sur un ton moins sévère, quand on annonça que le dîner de Sa Majesté était servi.

— Ventre-saint-gris! dit le Roi, mécontent de se voir ainsi découvert, Sa Majesté ne dînera qu'après avoir assuré le dîner des autres!

Cependant ce mot et ce jurement avaient produit sur le bas Breton l'effet d'une étincelle électrique.

— Sainte Marie! balbutia-t-il en faisant le signe de la croix, c'est donc là le fameux roi des huguenots!...

Et oubliant, dans sa terreur, jusqu'à l'appât du gain, il serait sorti de la salle comme on sortirait de l'enfer, si un sifflement exécuté par Piarik n'eût retenti dans la cour. Ce sifflement était un signal convenu entre le sourd-muet et Merlin; car celui-ci ne l'eût pas plutôt entendu, qu'il ouvrit vivement la croisée. Il vit deux palefreniers inspecter la charge de son bidet, sous prétexte de lui apporter de l'avoine; et passant du plus violent effroi à la plus complète irrévérence :

— Holà hé! cria-t-il aux indiscrets d'une voix aigre, gardez votre avoine pour vos chevaux, les amis; le mien n'est pas habitué à ces friandises. Holà hé! entendez-vous? reprit-il sur un ton plus élevé, je vous dis d'aller au large, et de laisser les poches de ce bissac!

Les palefreniers s'éloignèrent, au grand regret de la pauvre Mamm; et Merlin se retourna lentement vers ses interlocuteurs.

— Çà, voyons, vieux juif, dit le baron; te décideras-tu, enfin?

— Je suis décidé à sortir d'ici, monseigneur, grommela le Pillaouer avec hésitation; l'argent des catholiques n'est point fait pour l'Antechrist, et ce n'est pas à mon âge qu'on engage sa part du paradis.

— Ta part du paradis sera pour ceux que tu dépouilles en ce monde, voleur hypocrite! D'ailleurs, c'est à moi que tu as affaire, et non pas à Sa Majesté. Fais trêve à tes signes de croix, et dis-nous quel gage il te faut.

Ce mot de *gage* apaisa comme par enchantement les scrupules de l'usurier; le nom de Mor-Vaniel voltigea sur ses lèvres émues, et il répondit en roulant modestement les bords de son chapeau : — J'accepterais peut-être un immeuble.

— Corps de Christ! tu n'es pas difficile.

Mais si on t'offrait de l'argenterie, des bijoux et des pierres précieuses?

— Hélas! qu'est-ce que j'en ferais, monseigneur? dit piteusement le Pillaouer. Voulez-vous que je brode de perles mes bragow-braz ou la croupière de ma haridelle? Ces colifichets n'ont point cours dans nos foires et dans nos pardons; nous autres pauvres gens, nous devons nous contenter d'un peu de terre au soleil.

— Effronté brigand! murmura le baron.

Et après avoir hésité quelques minutes, il rouvrit le buffet gothique, en tira une lourde cassette de fer, et déploya ses titres de propriété!... Mais déjà La Noue lui avait arrêté la main, et le Roi lui ordonnait de refermer la cassette.

— Alors, dit brusquement Liskoët, c'est vous qui engagerez vos biens? car il n'y a pas de milieu, Corps de Christ! il nous faut de l'argent séance tenante! Et il demanda au Pillaouer : — Veux-tu d'un château en Navarre?

— J'aimerais autant un château en Espagne, répliqua celui-ci; mais le seigneur de La Noue a de beaux bois, près de Bourg-Neuf, ajouta-t-il en regardant le capitaine.

Le Roi et le baron attendaient la réponse de La Noue, lorsqu'il leur dit tout bas :

— Ces bois sont déjà en gage!... Ils ont payé le siége de la Rochelle.

— Quoi! mon ami, sans me le dire! soupira le Béarnais.

— Vous ne l'auriez pas voulu, Sire, et il aurait fallu désobéir à Votre Majesté.

— Et votre terre des Tournelles?

— Elle a gagné la bataille de Senlis.

— Et vos vaisseaux corsaires de l'Ile de Ré?

— Et ma rançon que vous avez payée aux Espagnols.

Cette fois, La Noue ne put empêcher le Roi de l'embrasser; et le baron s'écria, reprenant ses parchemins :

— Vous voyez bien que mon tour est venu, Corps de Christ !

— Allons, vilain, poursuivit-il, en jetant au Pillaouer un contrat chargé d'armoiries; voici la baronnie de Rustéfan !

Il croyait voir l'usurier sauter dessus, comme un chien sur un os; or, Merlin se baissa à peine pour le ramasser, et le lui remit sans l'avoir ouvert.

— Le château et le domaine de Rustéfan seraient sans doute un gage magnifique; mais le duc de Mercœur et la Ligue m'ont prévenu, monseigneur. Le séquestre est sur tous vos biens de Cornouaille, en attendant la confiscation.

— La confiscation ! s'écrièrent le Roi et les deux gentilshommes, frappés d'une telle nouvelle comme d'un coup de tonnerre. Et, au milieu du silence qui suivit cette exclamation, on n'entendit que le baron murmurer d'une voix étouffée :

— Mon beau château de Rustéfan!... Le berceau de mes pères et celui de ma fille! Les vieux portraits de mes ancêtres!... La tombe où je devais dormir auprès d'eux!...

— Qui t'a dit cela, misérable? demanda-t-il au Pillaouer d'un ton qui le fit tressaillir.

— Je l'ai vu de mes yeux, monseigneur, et je ne croyais pas vous en apporter la nouvelle. Il y a trois semaines que le présidial de Kemper a enregistré la sentence, et les officiers de justice ont posé les scellés devant tous les habitants de Pont-Aven.

— Encore une dette pour moi! dit alors le Béarnais à Liskoët. J'en ai trop de ce genre, ajouta-t-il en levant les yeux au ciel, pour que Dieu ne me permette pas de les payer un jour ! Renvoyez cet homme, et ne parlons plus d'emprunt ! continua-t-il d'un air sombre. Nous prendrons Beauvoir sans argent, ou nous retournerons à la Rochelle.

— Retourner à la Rochelle ! s'écria le châtelain, oubliant son malheur. Corps de Christ ! j'engagerai plutôt le dernier asile de ma femme et de mon enfant !

Et, rouvrant la cassette de fer, il en tira un nouveau parchemin, qu'il remit à l'usurier. Merlin sourit en homme arrivé à son but, et examina le nouveau titre avec une attention minutieuse.

— Manoir, domaine et seigneurie de la Bonnetière, murmura-t-il ; c'est bien cela, c'est bien cela. Mais tout à coup la joie qui éclairait son visage se convertit en la plus triste grimace, et peu s'en fallut que le contrat ne lui échappât des mains.

— Sainte-Marie ! dit-il au baron ; vous

raillez, monseigneur; ce bien ne vous appartient pas!

— Il est à ma fille Aliénor, à qui ma sœur l'a laissé en héritage.

— Alors, votre fille seule aurait le droit de l'engager. Quel est l'âge de mademoiselle du Liskoët?

— Mademoiselle du Liskoët est une enfant de neuf ans.

— Pas même l'âge d'être mise hors de tutelle! soupira Merlin, qui vit s'évanouir son rêve. Monseigneur, ajouta-t-il sans dissimuler ses regrets, il faut renoncer à cette affaire.

Le baron, que tant de refus poussaient à bout, le retint pour la troisième fois, et remarqua qu'il opposait peu de résistance. C'est qu'un dernier espoir venait de luire à l'esprit de l'avare, et, tout vague qu'il fût, il s'y abandonna encore.

— Il n'y a qu'un cas, dit-il en se grattant l'oreille, où j'accepterais arrêt sur la Bonnetière ; si mademoiselle du Liskoët était en puissance de mari ; si elle était conjointe en communauté de biens ; si j'étais assuré du consentement des deux époux ; si...

Et, reculant plus qu'il n'avait avancé, le Pillaouer allait objecter bien d'autres *si*, quand La Noue avisa le moyen d'y couper court. Immobile et attentif auprès du Roi, il avait suivi en silence les péripéties de cette scène, et il venait d'en trouver le dénoûment dans une héroïque inspiration.

— Tu sais bien que tu demandes l'impossible, dit-il à l'usurier ; mais ferais-tu pour le fiancé de mademoiselle du Liskoët la même chose que pour son mari?...

— Hum ! hum ! peut-être, marmotta le Breton... cela dépendrait du fiancé et des fiançailles...

Alors La Noue se tourna vers son hôte, et lui dit d'une voix solennelle : — Monsieur le baron de Rustéfan, j'ai l'honneur de vous demander pour mon fils Odet la main de votre fille Aliénor.

Ces paroles produisirent une telle sensation sur Liskoët et sur le Roi, que tous deux se regardèrent comme pour voir s'ils avaient bien compris. Mais, le trait de lumière qui avait éclairé le capitaine traversant aussitôt l'esprit du châtelain :

— Monsieur de La Noue, répondit-il sur le même ton; j'aurais dû avoir cette idée avant vous, mais je suis heureux de vous accorder votre demande.

Et une chaleureuse accolade des deux amis consacra cet engagement réciproque.

Tandis que le Roi contemplait, à travers une larme, le nouveau dévouement de ses serviteurs, Merlin dissimula sa satisfaction en jetant un coup d'œil à Piarik. Puis, quand il jugea l'émotion des gentilshommes suffisamment calmée :

— Maintenant, messeigneurs, dit-il en homme qui n'a pas une minute à perdre, il faut procéder tout de suite à la cérémonie, et s'assurer d'abord du consentement de la mère.

— De la mère ? C'est juste ! s'écria le châtelain, frappé de cette observation comme d'un grave obstacle... Et après un moment d'hésitation, il dit au seigneur de La Noue :

— Chargez-vous de ce soin, messire ; vous trouverez sans doute la baronne avec nos enfants.

Non moins prompt à exécuter que prudent à concevoir, le capitaine n'était pas homme à se le faire dire deux fois. Il laissa donc le Roi et son hôte préparer le contrat, et il alla tout droit chez madame du Liskoët.

IV.

La chambre de la baronne était située au premier étage du manoir. On y arrivait par un escalier en colimaçon, pratiqué dans la tour, et par un corridor froid et nu comme une prison. Les pièces qui régnaient à droite et à gauche étaient plutôt des cellules que des chambres, tant le baron dédaignait cette partie de sa demeure, où il ne pénétrait que la nuit pour en descendre avant le jour.

Auprès d'une haute cheminée, entourée de boiseries sombres ; en face d'un simple lit à quenouilles enroulées de vieux damas, flanqué de deux couchettes soigneusement drapées de laine, de l'antique faudesteul à dossier perpendiculaire, de l'armoire colossale aux panneaux sculptés, et du prie-Dieu de velours rouge surmonté d'un crucifix de cuivre, madame du Liskoët reposait son corps exténué dans un fauteuil à marche-pied de chêne.

A sa droite était assis, sur un pliant étroit, le livre des Évangiles à la main, un jeune et blond kloarek (1) de la Cornouaille, portant encore la longue chevelure et le riche costume de Nizon, en attendant qu'il se vouât à la soutane et à la tonsure.

Mikel Favennek, fils d'un ancien domanier de Rustéfan « poursuivait ses études » sous la protection de la baronne, qui l'avait recommandé à son beau-frère, monseigneur Charles du Liskoët, coadjuteur de Kemper-Korentin. Mikel était venu passer le temps des vacances auprès de sa bienfaitrice, qu'il secondait de

---

(1) Séminariste sur le point d'entrer dans les ordres.

son dévouement et de ses lumières, dans l'instruction de sa fille et de sa nièce.

Les indiscrets prétendaient que sa vocation se trouvait fort ébranlée par les grands yeux noirs et les agaceries de la belle gouvernante, quoique celle-ci fût une calviniste des plus résolues, et peut-être bien les indiscrets n'avaient-ils pas tout à fait tort.

Comme l'avait prévu le baron, les deux petites filles étaient en ce moment avec madame du Liskoët, et le fils de La Noue leur faisait compagnie.

Bien qu'il commençât à devenir un guerrier, comme il l'avait prouvé ce jour-là même, Odet tenait encore de l'enfant, et se plaisait beaucoup avec ses jeunes amies.

Son penchant l'entraînait surtout vers Aliénor, qui avait cependant moins d'affection pour lui que sa cousine; mais il préférait la première à cause de cela même, car l'homme est ainsi fait qu'il lui faut acheter ses plaisirs.

Pendant que la fille de la baronne ne voyait en La Noue qu'un camarade de jeux, quand elle n'y voyait pas un adversaire, Blanche de Tré-Anna le traitait avec un sérieux mélancolique, et avait contracté l'habitude de l'appeler son mari.

En ce moment-là encore, profitant de l'ascendant que ses douze années lui donnaient sur Aliénor, elle lui faisait jouer la comédie du *Baz-Valan* (1), d'après leurs souvenirs de la Cornouaille. C'était elle-même, bien entendu, qui représentait la pennérès. Sa cousine remplissait le rôle du tailleur en ambassade ; sa tante figurait complaisamment la famille de la future, et le kloarek, non sans quelque émotion, résumait les

(1) Mendiant ou tailleur chargé des demandes en mariage. — Voir, pour plus ample explication, *Jeanne de Montfort* et *Michel Columb*, chapitres de *La Demande* et des *Premières Amours*.

spectateurs de la scène. Quant à La Noue, il va sans dire qu'il était le prétendant.

Étrange parodie du drame qui venait de se nouer à l'autre étage, et où la destinée de ces pauvres enfants était réellement mise en jeu!

Après s'être parée des insignes de sa charge, du bas rouge et du bas violet, de la baguette blanche et de la ceinture écarlate, Aliénor s'était assurée qu'aucune pie de mauvais augure ne volait dans le ciel, qu'au contraire une tourterelle roucoulait doucement au fond du taillis. Elle feignit encore, sur le seuil de la porte, de regarder si les tisons étaient debout et à leur place devant l'âtre, ou si la maîtresse de la maison ne lui tournait pas le dos, en approchant une crêpe du feu; alors elle chanta d'une voix timide le salut d'usage:

Au nom du Père tout-puissant,
Du Fils et de 'Esprit-Saint,

Bénédiction dans cette maison,
Et joie plus que je n'en ai (1) !

— Entrez, et soyez béni vous-même ! répondit madame de Liskoët en souriant.

Et la gentille messagère s'avança, conduisant le prétendu par la main.

Cependant, non moins fidèle à son rôle, Blanche allait et venait par la chambre. Elle entr'ouvrait négligemment l'armoire pour la montrer pleine de linge ; elle étalait çà et là les couvre-pieds, les belles robes et tous les trésors qui devaient former sa dot. Puis elle lançait un regard furtif aux nouveaux venus, qu'elle était censée ne pas voir encore ; enfin, les apercevant tout à coup, elle leur faisait la révérence, et mettait pour eux la

---

(1) Enn han ann tad holl-galloudek, — Ann mab hag ar spéred meulet, — Bennoz ha joa barz ann ti-mé. — Muioc'h 'vid a zo gan-i-mé.

(Théod. de La Villemarqué, *Chants populaires de la Bretagne*.)

nappe du dimanche. Alors elle se cachait, rougissante et troublée, derrière le fauteuil de la baronne, et roulait le ruban de son tablier, tandis que le Baz-Valan demandait sa main...

Ici, Aliénor, chargée de faire l'éloge d'Odet, vanta ses qualités, ses talents et ses richesses; elle célébra ses nombreux pourpoints à fraises de dentelle, et les prix remportés par lui dans les luttes; sa grâce à porter les bannières aux pardons, et les beaux écus d'or qui sonnaient dans son escarcelle; elle n'oublia point d'exalter son courage sans pareil à la guerre, et raconta comment il avait, une heure auparavant, fait un prisonnier sous les yeux du roi...

La fiction en était là, quand la réalité survint dans la personne de La Noue.

Le pas lourd du capitaine, l'aspect de son bras de fer et de ses longues moutaches glacèrent de peur les deux petites filles; et la baronne elle-même fut si surprise, qu'elle n'eut pas la force de se lever de son fauteuil.

Mikel avança respectueusement son siége, et sortit de la chambre, en faisant un profond salut.

— Madame, dit alors La Noue, rassurant la châtelaine par un sourire, je viens vous annoncer une grande nouvelle !

— Approchez, mes enfants, ajouta-t-il en attirant Aliénor et Odet; approchez, car il s'agit de vous.

De toute rose et tout émue qu'elle était, la pauvre Blanche devint toute pâle et toute glacée, comme si cet abandon soudain lui eût inspiré un pressentiment fatal.

— Oui, madame, reprit La Noue, voici deux enfants qui seront bientôt doublement les nôtres; il ne tient qu'à vous que mon fils devienne votre fils, et votre fille ma fille.

— Monsieur, répondit la dame étonnée, je ne comprends pas ce que vous voulez dire.

— Je veux dire qu'il ne faut plus que votre consentement pour que ces enfants soient mari et femme.

— Mari et femme! s'écria la baronne, plus effrayée que satisfaite, pendant qu'Odet, transporté de joie, cherchait à embrasser Aliénor.

Et personne ne vit Blanche tomber sur un coussin, posé près du fauteuil, d'où elle ne perdit pas un mot de l'entretien auquel on la croyait étrangère.

— Mari et femme à leur âge ! répéta madame de Liskoët; me donnerez-vous le mot de cette énigme, monsieur ?

Le capitaine retint sur ses genoux la petite fille qui voulait s'échapper, et raconta, tout en la caressant, ce qui s'était passé dans la salle, depuis l'arrivée du Pillaouer.

La baronne écouta ce récit avec une émotion croissante, et qu'elle dissimula de son mieux jusqu'à la fin; mais quand La Noue en vint aux paroles échangées par lui et Liskoët, la pauvre dame devint si blême, qu'elle parut défaillir; et ses mains s'attachèrent à son petit crucifix, comme celles d'un naufragé à la planche de salut.

Or, pour comprendre le nouveau supplice qu'elle allait endurer, il faut sonder toute cette vie de dévouement et de douleur.

C'était environ seize années plus tôt. Charles IX régnait encore, et méditait la Saint-Barthélemy. Bertrand du Liskoët venait d'épouser, sans trop y prendre garde, la demoiselle de Tré-Anna, et, ce qui était bien plus important à ses yeux, il commandait à Vitré pour le roi de France. Cette ville, qui avait entendu les prédications du célèbre Dandelot, était une des principales pépinières du calvinisme en Bretagne, et Liskoët y avait été envoyé pour combattre les progrès de la réforme.

Aussi fervent catholique alors que sa femme elle-même, le baron arriva à Vitré avec les préventions les plus violentes ; mais comme il était avant tout homme de bonne foi, ces préventions tombèrent devant la réalité. Au lieu de trouver les factieux et les rebelles qu'on lui avait dénoncés, il trouva de paisibles sujets du roi, ne demandant que le libre exercice de leur religion. Tel était, en effet, le caractère des calvinistes en Bretagne, où ils furent toujours en trop petit nombre pour exercer aucune influence. Liskoët se borna donc à plaindre leurs erreurs, et à les maintenir dans les règlements où ils s'étaient enfermés d'eux-mêmes.

Cependant il ne put se défendre d'une certaine réaction en leur faveur, et cette réaction s'accrut en raison des injustices dont ils étaient l'objet.

De la tolérance à l'examen la pente est rapide ; de sorte que la réforme entra insensiblement dans l'esprit du baron. Or, une fois qu'elle avait un pied quelque part, on sait qu'elle en prenait bientôt quatre, et que ses progrès ne cédaient plus qu'à la violence.

Ici la violence fut le massacre, et s'appela la Saint-Barthélemy.

Liskoët était déjà fort ébranlé quand le mot d'ordre parti du Louvre arriva en Bretagne ; mais lorsqu'il reçut la dépêche qui lui enjoignait un crime, il n'hésita plus : il la déchira !

Non-seulement il répondit comme le vicomte d'Orthez, que ses soldats n'étaient pas des assassins ; mais, ne voyant plus que sous la forme d'un poignard la religion qui avait déjà perdu pour lui de son prestige, il se déclara publiquement calviniste, et couvrit de son corps les martyrs de Vitré.

Cette héroïque faiblesse les sauva tous, mais elle fit une victime auprès du baron même, et cette victime fut sa femme.

Catholique par le cœur encore plus que par l'esprit, aimant ses frères, après son Dieu, de toute les tendresses de la charité, madame du Liskoët avait déploré, plus que son mari peut-être, le délire sanglant de la Saint-Barthélemy; et elle fut sans doute un des sept justes libérateurs dont les mains levées au ciel y retinrent la foudre vengeresse. Mais plus la foi romaine était vivement enracinée dans ce cœur droit et pur, plus devait être profonde et incurable la plaie qu'y fit l'abjuration d'un époux.

Au défaut de ces douceurs sympathiques

dont le mariage était sevré pour elle ici-bas, la pieuse femme rêvait une autre union devant Dieu, — et voilà qu'elle se trouvait séparée de son mari sur la terre et dans le ciel ! Car on a vu quel abîme moral existait entre elle et le seigneur de Rustéfan ; et l'article terrible : « Hors de l'Église point de salut, » dardait comme un éclair perpétuel dans les profondeurs de cet abîme !

Si un tel coup ne tua pas sur-le-champ la baronne, c'est qu'un espoir vivant palpitait dans son sein.

Elle allait, pour la première fois, devenir mère, et son enfant serait peut-être catholique !

Elle n'avait là-dessus, à la vérité, aucune promesse de son mari ; mais n'aurait-elle pas, outre son lait maternel, celui de son amour et celui de sa foi ?

Liskoët, en effet, dans sa joie d'avoir un

fils, en abandonna la première éducation à sa femme, réservant pour l'avenir la question religieuse; mais ce fils mourut au bout de quelques années, lorsqu'il bégayait à peine le symbole des vieilles croyances; et la baronne n'aurait pas tardé de le suivre, si un autre enfant ne l'eût retenue par les entrailles.

Cet enfant, qui en recevant la vie la rendit à sa mère, cet enfant était Aliénor.

Le baron et sa femme habitaient alors leur château de Rustéfan. Espérant encore un héritier de son nom, et affermi plus que jamais dans la réforme, Liskoët avait déclaré que son nouveau fils serait baptisé par un ministre, et il en avait mandé un tout exprès de Nantes, quelques jours avant la naissance.

Il ne changea point d'avis en voyant sa femme mettre au monde une fille. Sous ses yeux et en présence de la baronne, il lui fit donner l'eau du baptême par le pasteur réformé, et il l'appela d'un nom étranger au calendrier romain, mais qui n'en était pas moins digne de sa race, — puisque ALI-ÉNOR veut dire CONSEIL D'HONNEUR.

C'était l'honneur en effet qui avait conseillé au châtelain de se faire calviniste. Ce nom devait donc rappeler éternellement à sa fille la fidélité qu'elle devait à la religion de son père.

Comment madame du Liskoët put-elle survivre à cette destruction de sa dernière espérance? cela fut pour tout le monde un mystère inexplicable! Sa résignation complète en fut un pour son mari lui-même, qui, attribuant cet heureux résultat aux conseils d'un bon prêtre de Pont-Aven, confesseur de la baronne, laissa de nouveau et sans inquiétude à celle-ci l'éducation provisoire d'Aliénor.

Il lui interdit seulement, lorsque les yeux

de l'enfant parlèrent à son intelligence, de franchir, en la menant à la messe, la borne qui séparait les deux religions.

Ce fut alors que Liskoët, appelé par le roi de Navarre sous le drapeau de la réforme, quitta la Cornouaille pour la haute Bretagne, et le château de Rustéfan pour le manoir de la Bonnetière,—après avoir placé entre sa femme et sa fille une gouvernante de la religion réformée.

Il y avait quatre ans entiers qu'il était absent, lorsqu'il revint avec le Béarnais assiéger Beauvoir. Il n'eut guère le temps d'examiner si la baronne lui avait obéi à l'égard d'Aliénor; d'ailleurs, l'état où il trouva la première ne permettait pas la sévérité.

— Ma pauvre Marie-Havoise remonte au ciel! se dit-il avec un soupir étouffé entre deux jurons; laissons-lui sa fille jusqu'au dernier moment, je ne serai que trop tôt maître de la conscience et des actions d'Aliénor...

Il aurait été moins tranquille, s'il eût assisté aux leçons mystérieuses du kloarek, et s'il eût réfléchi aux dangers du voisinage de Blanche.

Orpheline de père et de mère catholiques, Blanche était élevée ouvertement dans cette religion, et elle se trouvait trop rapprochée d'Aliénor pour que leur éducation ne fût pas un peu commune. La baronne, il est vrai, tenait strictement son serment sur le rapport de la messe ; mais, outre un pieux secret qui n'appartenait qu'à son confesseur, elle avait mille autres moyens de semer ses croyances au cœur de sa fille.

L'espoir de les y voir germer bientôt était le dernier lien qui l'attachât à l'existence ; et, malgré l'extrême jeunesse de la néophyte, cet espoir commençait à se réaliser, lorsque La Noue venait le briser à tout jamais, en lui annonçant le mariage de sa fille avec un calviniste !

Relevée de l'accablement où l'avait jetée cette nouvelle, madame du Liskoët déclara d'abord qu'un tel mariage était impossible ; puis, lorsque le père et le fils, étonnés, lui demandèrent pourquoi, elle ne sut que balbutier des prétextes sans valeur, car ses véritables raisons les eussent offensés l'un et l'autre.

— Tout n'est-il pas aussi convenable qu'heureux dans ces fiançailles ? dit La Noue : notre amitié de famille, notre union dans le même parti, l'âge et le nom de nos enfants, leur religion commune ?...

— Leur religion ! se récria la baronne ; et, l'image de son mari se dressant devant elle, elle ne put qu'ajouter : — C'est vrai, messire.

Cependant elle se défendit avec l'éloquence du désespoir; elle allégua tous les motifs, bons ou mauvais, qui lui passèrent par la tête et par le cœur : elle invoqua l'ignorance de sa fille, la minorité d'Odet, la dureté des temps, l'incertitude de l'avenir, la ruine du baron, son propre état de faiblesse et d'impuissance, la triste mort qui allait terminer sa triste vie, et jusqu'à la douleur qu'elle emporterait dans la tombe, si sa fille épousait...

Elle s'arrêta court, voyant La Noue se troubler et pâlir... Puis, comme le noyé suspendu par une dernière branche au-dessus de l'abîme :

— Ayez pitié de moi, monsieur! reprit-elle en se jetant à genoux devant le capitaine; un jour de répit seulement! un jour pour consulter le Seigneur!

La Noue répondit que le Pillaouer était fort impatient; qu'au surplus il allait porter la demande de madame du Liskoët à son mari...

—A mon mari !... restez !... dit la baronne, qui se redressa avec terreur.

Alors une sorte de délire s'empara d'elle, et se trahit dans ses actions et ses paroles. Elle se laissa retomber sur son fauteuil, et le quitta par un brusque mouvement; elle pressa convulsivement son crucifix sur ses lèvres, et son enfant sur son cœur; elle essaya d'adresser à l'un et à l'autre des mots qui expirèrent dans un sanglot; elle tendit les mains à La Noue, à son fils, à sa nièce, au ciel et à la terre...

Enfin, s'affaissant sur elle-même, épuisée, pâle, défaillante, inondée de larmes, et levant les deux bras vers le capitaine avec un regard à faire pleurer le marbre :
— Messire, messire ! dit-elle d'une voix éteinte, je n'ai plus recours qu'en vous : c'est à votre bonté, c'est à votre compassion que

je m'adresse... Je vous estime et je vous aime, messire ; j'aime et j'estime votre fils plus que personne ! Mais, au nom de l'affection que vous avez aussi pour moi... au nom de votre Dieu et du mien... au nom du peu de jours qui me restent, et que ce dernier coup va trancher... messire ! messire ! empêchez ces fiançailles !

La Noue comprenait à la fin les étranges réticences de la baronne. Le huguenot puritain, qui n'avait jamais douté qu'Aliénor ne fût élevée dans la réforme, reconnaissait l'ardente catholique défendant sa fille contre une alliance calviniste, comme elle l'eût défendue contre l'enfer ; et la pieuse fraude de madame du Liskoët se révélait à lui dans l'énergie de cette épouvante.

Quelque dédain que lui inspirât pour un tel sentiment l'inflexible conviction de son esprit, il ne put résister à l'attendrissement qui s'emparait de son cœur; et il cherchait un moyen de venir en aide à la malheureuse, lorsqu'un cri des deux enfants le tira de ses réflexions...

Épuisée par l'effort désespéré qu'elle venait de faire, la châtelaine était tombée, sans force et sans haleine, sur le marchepied de son fauteuil. Odet et Aliénor s'efforçaient, en pleurant, de la secourir. Blanche regardait autour d'elle, comme si elle fût sortie d'un long rêve... La Noue se pencha vivement pour relever la baronne; mais un bruit qui survint lui en épargna la peine. A ce bruit, retentissant sur les dalles du corridor, l'oreille engourdie de madame du Liskoët s'était réveillée avec effroi, car elle avait reconnu le pas menaçant de son mari !

A l'instant même, cette femme, qu'une si grande douleur venait de terrasser, reprit toutes ses forces dans l'obéissance qui avait été la loi de sa vie entière : elle se retrouva debout devant son fauteuil, comme si un ressort invisible l'y eût replacée ; et s'avançant, soumise et tremblante, vers son seigneur et maître :

— Silence, messire ! dit-elle à La Noue en s'appuyant sur lui ; je n'ai plus que cette grâce à vous demander !

En même temps, son regard, encore imprégné de larmes, éteignit l'éclair d'impatience qui jaillissait des yeux de Liskoët.

— Je sais tout, monsieur, dit-elle avec un effort qui lui brisa le cœur, ma fille et moi nous sommes à vos ordres.

— C'est bien, madame, répliqua brièvement le baron ; mais dépêchons, Corps-de-Christ ! car vous vous êtes fait attendre.

Alors il souleva d'une main vigoureuse Aliénor, qui refusait en frissonnant de le suivre ; La Noue entraîna plutôt qu'il ne conduisit la baronne, suspendue au fer damasquiné de son bras; Odet marcha silencieusement derrière eux, tout agité de sentiments inconnus; et cet étrange cortége arriva ainsi dans la salle où le Pillaouer attendait avec le Roi.

Blanche était restée seule dans la chambre, d'où l'on n'eût pu l'arracher que par la violence; elle se tint immobile près de la porte, jusqu'à ce que le bruit des pas se perdît dans le corridor. Alors, promenant un regard navré sur les vestiges de sa petite fête interrompue, la pauvre enfant se jeta sur le siége abandonné par « son mari, » et remplit sa solitude de pleurs et de sanglots...

V

Cependant la scène la plus bizarre et en

même temps la plus imposante avait lieu dans la grande salle du manoir.

Autour d'une table chargée de parchemins et de papiers, d'une Bible ouverte, d'un crucifix et de deux coupes pleines de vin, tous les habitants de la Bonnetière étaient réunis en présence de l'usurier.

D'autant plus méticuleux pour la forme de son acte que le fond pouvait en devenir un jour contestable, et même nul si l'un des deux fiancés manquait à sa parole, Merlin fit comme les joueurs ambitieux et poltrons à la fois, qui appellent à leur aide toutes les finesses de l'expérience avec toutes les niaiseries de la crédulité.

Il commença par débattre les nombreuses clauses du contrat en homme rompu aux mille détours de la chicane. Il exigea que le baron, le capitaine et le Roi lui-même fussent garants du mariage qui devait lui donner arrêt sur la Bonnetière ; il s'assura d'un recours contre chacun d'eux dans toutes les circonstances qui pourraient empêcher ce mariage ; il se fit donner une hypothèque de trente-cinq mille livres pour les vingt-cinq mille qu'il verserait, — sans compter les intérêts au denier vingt, les intérêts des intérêts et les arrérages, s'il y avait lieu, et le droit de saisie, en ce dernier cas, sur les fruits et sur les revenus du domaine ; il fixa le remboursement du capital à la veille du mariage d'Aliénor, qui devrait avoir lieu, au plus tard, le jour où elle aurait vingt ans ; bref, il n'oublia rien de ce qui pouvait rendre son traité aussi sûr et aussi lucratif pour lui-même que dangereux et onéreux pour les quatre parties adverses.

Quand tous ces points furent bien établis, Merlin passa à la cérémonie des fiançailles ;

et, la question religieuse succédant à la question de droit, ce fut alors que les ruses de l'usurier firent place aux superstitions du Pillaouer.

Il se signa d'abord trois fois en l'honneur de la sainte Trinité, et récita à genoux la prière des morts, cette première pensée des Bretons dans tous les actes de la vie. Ensuite il fit boire à la même coupe et manger du même pain, non-seulement Aliénor et Odet, mais Liskoët, la baronne et La Noue.

L'échange des anneaux et le serment des fiançailles eurent lieu sur la Bible ou sur le crucifix; et Aliénor seule fut dispensée du serment en considération de son âge...

Enfin, tous les engagements étant pris, il ne restait plus qu'à en dresser l'acte; et le kloarek se disposait à l'écrire sous la dictée du Pillaouer, lorsque celui-ci, regardant le baron avec surprise, lui demanda où était le notaire, ou tout au moins le tabellion ?

— Le tabellion! dit Liskoët, plus surpris que Merlin lui-même; est-ce qu'il faut un tabellion pour cette affaire, manant?

Le sourire qui avait tant impatienté le châtelain reparut sur les lèvres de l'usurier.

— Sainte Marie! vous doutez qu'il faille un tabellion pour un contrat de trente-cinq mille livres, avec hypothèque, saisie, arrêt, stipulation de mariage, etc.? Il nous en faut tellement un, monseigneur, que tout est rompu si nous ne le trouvons pas!

— Rompu! s'écrièrent tous les assistants avec des sentiments divers, dominés par un nouvel emportement du baron. — Si tu répètes ce mot, maître fourbe, dit-il au Pillaouer, je te déclare, Corps-de-Christ! qu'il n'y aura de rompu ici que ton échine!

— Quand vous me rompriez le cou, cela fera-t-il venir un tabellion? repartit Merlin, qui jeta un coup d'œil vers la campagne. Je ne suis point ici pour perdre vingt-cinq mille livres, être battu comme vos chiens, et payer l'amende par-dessus le marché. Je veux un tabellion et son âne ! — Il regarda encore par la fenêtre. — Envoyez-les donc quérir, monseigneur, et nous dresserons notre contrat. Point de tabellion, point d'argent.

Ce sang-froid, joint aux observations de La Noue et surtout à la nécessité, désarma encore une fois le châtelain.

— Allons ! s'écria-t-il, tous mes écuyers à cheval ! que l'un coure à Challan, l'autre à Bouin, le troisième à la Garnache, et le quatrième à Machecoul ! Un écu d'or à celui qui ramènera un tabellion ; vingt coups de bâton à ceux qui n'en trouveront pas !

— Vous allez en avoir quatre au lieu d'un, et cela vous coûtera vingt écus sans les vacations, dit malicieusement Merlin.

Puis, comme le baron continuait d'appeler les écuyers :

— Voilà votre affaire, monseigneur, dit l'avare, regardant pour la troisième fois à l'horizon, et respirant comme un homme délivré d'un grand poids.

Il montra, en effet, à travers le brouillard, un point noir et presque imperceptible, qui semblait sautiller en glissant le long des haies.

— Eh bien, qu'est-ce que cela? dirent Liskoët et La Noue, qui distinguaient à peine et ne comprenaient guère mieux.

— C'est le hasard qui vous sert, messires. Ne reconnaissez-vous pas le tabellion de Bouin et le petit trot de son âne?

— Je ne reconnais rien du tout, répliqua le châtelain; et il faut que tu aies des yeux de l'autre monde ! Au reste, nous allons nous en assurer.

Un écuyer partit dans la direction indiquée par Merlin ; et un quart d'heure après le tabellion était dans la salle.

C'était un petit bonhomme taillé à angles aigus, depuis les pieds jusqu'à la tête, et qui jouissait d'un nez si long, qu'il dépassait la plume d'oie posée sur son oreille.

La Noue et le Roi furent d'autant moins dupes du hasard de son apparition, qu'ils surprirent entre lui et Merlin deux regards qui pouvaient se traduire ainsi :

— Compère tabellion, vous vous êtes fait un peu attendre.

— C'est que vous m'aviez recommandé de vous suivre de loin, compère usurier.

L'acte, préparé d'avance, fut bientôt dressé et clos par la formule ordinaire : *Fait et ré-*

digé sur le dos de notre âne; après quoi le Roi, le baron, la baronne, La Noue, son fils et Merlin y apposèrent leurs signatures.

Celles du baron et du Pillaouer furent deux simples croix, le premier déclarant, en sa qualité de seigneur, ne savoir écrire, et le second évitant de montrer qu'il le savait; — car l'ignorance ressemble toujours à la bonne foi, et c'était le bouclier des manants contre l'épée des gentilshommes.

Au reste, avant de s'engager par un trait de plume, Merlin se signa encore plusieurs fois, et jeta un dernier regard vers la fenêtre. N'ayant rencontré ni le vol sinistre d'un épervier ou d'un corbeau, ni le regard mourant d'une belette, ni le rouet d'une vieille filant au bord de la route; n'ayant surtout entendu ni le cri aigu de la fresaie, ni le gémissement du hibou, ni les sons miraculeux de la MUSETTE AÉRIENNE, il se décida à prendre la plume, et fit sa croix en invoquant saint Philibert (1).

Alors il se prépara avec un gros soupir à verser quinze mille livres, car il ne devait compter les dix autres mille que le surlendemain.

Il fit signe au sourd-muet d'amener sa bête près du perron, et sortit de la salle pour aller au-devant de lui. Là il déchargea le bidet, non point du bissac mystérieux qui n'était qu'un leurre adroit, mais des deux sacs de blé noir gisant au fond des paniers; et il revint avec ces sacs sur le dos devant la compagnie stupéfaite.

Il les ouvrit, en souriant et en soupirant tour à tour, en tira deux autres sacs plus petits, qui étaient enfouis dans la graine de sarrasin, versa sur la table un flot de pièces d'argent de toute valeur, et compta d'une

(1) Saint Philibert de Moëlan fait réussir les mariages.

main exercée soixante piles de cent livres.

Le métal brillant glissait entre ses doigts avec une telle rapidité, qu'on avait à peine le temps d'en voir l'éclat se refléter dans la prunelle étincelante de ses yeux.

— Voilà six mille livres, dit-il après avoir secoué les sacs vides ; restent trois mille écus que je dois avoir sur moi.

Un nouveau soupir accompagna ces paroles, qui furent suivies d'un nouveau signe de croix.

Avant d'ouvrir le cadenas de sa ceinture, Merlin en détacha un LOUZOU (talisman), composé de quelques brins d'herbe flétris. Il les serra précieusement dans la poche de son bragow-braz, et défit un tour de son vêtement de cuir.

Trois mille livres en or y étaient disposées sur une seule couche, par rangées de cent livres ; le second tour en contenait trois mille autres, le troisième trois mille encore, — et la moitié de la ceinture restait à déployer !...

— Hélas ! dit le Pillaouer en remettant chaque chose en place, sans oublier le louzou protecteur, que de pauvres manants il faudra saisir et exécuter pour rembourser une pareille somme !

Les témoins de cette scène se regardaient avec un étonnement silencieux, et le Béarnais murmurait dans sa moustache :

— Où diable le génie des finances va-t-il se nicher !

Quand les quinze mille livres furent étalées sur la table, Merlin leur dit adieu du regard, ou plutôt au revoir, et demanda au baron s'il était satisfait.

Liskoët lui répondit par un signe affirmatif, et lui recommanda d'aller dîner à la cuisine avec Piarik et le tabellion.

Alors l'usurier prit son contrat, son bâton et son chapeau, fit un salut à chacun des assistants, et s'arrêta devant les fiancés.

— Messire et madame, leur dit-il avec son malin sourire, nous nous reverrons le jour de vos noces. Prenez garde de rencontrer d'ici là la biche blanche de Sainte-Ninnoc'h (1) ! Voici de quoi vous en préserver, ainsi que de mort violente, ajouta-t-il tout bas en remettant aux fiancés la moitié de son louzou ; c'est le véritable trèfle à quatre feuilles, ÆR MELCHEN PÉDER, cueilli à minuit, avec les dents, au clair de la pleine lune !...

Ayant achevé ces mots, il fit encore une salutation, posa son bonnet sur sa tête, son chapeau sur son bonnet, et sortit de la salle.

— Enfin, s'écria le baron, ce n'est pas sans peine !

Puis, mettant à la disposition du Roi l'argent étalé sur la table :

(1) Les fiancés qui ont vu la biche blanche de Sainte-Ninnoc'h, sont menacés de mourir le jour de leur mariage.

— Sire, vous étiez prophète ce matin, dit-il ; voilà vos soldats payés !

— Et voilà vos enfants unis, mes compagnons ! répondit le Béarnais, qui les prit par la main. Ils sont à moi dès ce moment ; et Ventre-saint-gris, je serai bon père. En attendant, ils meurent de faim et nous aussi, ajouta-t-il gaiement ; allons donc célébrer à table ces heureuses fiançailles ; et vivent les bons mariages !

— Vivent les bons mariages ! répétèrent à l'envi tous les gens du manoir, et jusqu'au timide kloarek, qui lança un regard furtif à la gouvernante.

Mais à ce cri joyeux succéda bientôt une exclamation de surprise et de terreur ; car, en se retournant pour donner la main à la baronne, le Roi la trouva évanouie dans son fauteuil...

Après toutes les tortures qu'elle endurait

en souriant depuis une heure, l'allégresse générale avait consommé le martyre de la pauvre mère ; et il fallut la porter sur les bras jusque dans son lit, d'où elle sentit en s'éveillant qu'elle ne se relèverait plus...

Le premier visage qui lui apparut alors fut celui de la petite Blanche, pleurant encore « son mari, » et, malgré l'abîme qui les séparait, ces deux douleurs se donnèrent la main...

Quelque temps après, la baronne tressaillit au bruit d'un sifflement poussé sous ses fenêtres. C'était l'homme qui emportait sa vie, avec sa dernière espérance ; c'était Merlin le Pillaouer, appelé par son muet compagnon.

Tous deux partirent comme ils étaient arrivés, jambes de ci, jambes de là, sur leur monture étique ; mais au lieu de reprendre la route de Bouin, ils disparurent à l'est, dans la direction de Machecoul...

Or, quand ils furent à un quart de lieue de la Bonnetière, un miracle s'opéra sur le dos de Mamm, en la personne de Piarik.

— Tu vois bien ce manoir, avec sa métairie et ses deux cents arpents de terre? dit l'usurier au sourd, qui l'entendit parfaitement; eh bien, dans quelques années d'ici ce sera mon domaine, et au lieu de dîner à la cuisine, nous dînerons dans la grande salle.

— Que le bon Dieu vous écoute, sire Merlin, répondit le muet, le plus distinctement du monde; car lorsque vous serez seigneur de la Bonnetière, j'espère que vous me donnerez une paire de galoches (souliers.)

VI

Dès le lendemain matin, Henri paya ses

troupes, et rétablit la discipline dans son camp.

La prise d'un navire chargé de provisions, et indiqué par Iwen-Vraz, acheva de rendre aux soldats le courage et l'énergie. Le travail des tranchées fut poussé si ardemment, que Beauvoir se trouva investi en trois jours.

Alors parurent sur la côte les pataches du Roi avec son artillerie et ses munitions; si bien que, tenant la place entre deux feux, il disposa tout pour un assaut général.

Or, comme il se faisait armer par ses écuyers dans la grande salle du manoir, à ce moment solennel où les trompettes et les tambours, en annonçant la bataille, lui causaient une émotion dont lui-même est convenu si plaisamment (1), il vit un Lansquenet

---

(1) *Mémoires de Bassompierre et Historiettes de Tallemand.*

blessé qu'on apportait du camp sous la surveillance de Liskoët, et il demanda au baron ce que cela voulait dire.

— Cela veut dire que j'ai commis une faute et que je la répare, répondit le baron. C'est ce malheureux que j'ai frappé le jour de la révolte, dans un moment d'aveugle fureur ; je lui avais cassé un bras sans m'en apercevoir, et sa blessure est devenue si dangereuse, qu'elle exige les plus grands soins ; je veux que ces soins lui soient donnés sous mes yeux par mes propres gens, et si je le sauve, je le garderai près de moi comme une vivante leçon !

Cette action et ces paroles émurent d'autant plus le Roi, qu'il pouvait attribuer à ses conseils la résipiscence du fougueux châtelain.

Mais il se souvint alors que lui-même l'avait offensé par un mot cruel, au sujet de la prieure de l'Ile-Marie, et qu'il avait négligé de lui en faire réparation.

S'adressant aussitôt à Liskoët, devant tous ses officiers prêts à partir comme lui pour l'assaut :

— Monsieur le baron de Rustéfan, dit-il, « nous voici dans l'occasion, et il peut se faire que j'y meure. Or je ne veux ni ne dois emporter quoi que ce soit de l'honneur d'un brave gentilhomme comme vous. Je retire donc, devant tous ces messieurs, la parole que je vous ai dite il y a quatre jours devant quelques-uns d'entre eux ; et je déclare que je n'ai pas un serviteur plus estimable et mieux intentionné, un ami plus parfait et plus dévoué que vous. » Embrassez-moi, mon cher baron.

— « Ah ! sire, s'écria Liskoët au comble de la surprise et de la joie, en laissant tomber sur le cœur du Béarnais la première larme qu'il eût jamais versée, Votre Majesté m'avait blessé ce jour-là, mais elle me tue aujourd'hui, car elle m'impose l'obligation de mourir pour elle!... »

Le Roi trouva sa petite armée prête à sonner la charge, et promena dans les rangs cette mâle et cordiale figure dont la victoire était amoureuse.

— « Mes compagnons! dit-il, il n'est pas besoin ici de longues paroles. Si vous courez aujourd'hui ma fortune, je cours aussi la vôtre. Voici la place qu'il s'agit d'enlever! Souvenez-vous que vous êtes mes soldats, et, Vive-Dieu je montrerai que je suis votre capitaine. Je veux vaincre ou mourir avec vous! Gardez bien vos rangs, je vous en prie; si la chaleur de l'action vous les fait quitter, songez au ralliement, c'est le gain de la bataille : vous le ferez entre ces trois châtaigniers, là-haut à main droite. Et si vous perdez vos enseignes, cornettes et guidons, ne perdez pas des yeux mon panache blanc, vous le verrez toujours au chemin de l'honneur ! »

Prenant alors cette physionomie sereine et imposante du juste qui va marcher à la mort, ôtant d'une main son casque et de l'autre baissant la pointe de son épée, imposant silence aux acclamations, aux trompettes et aux tambours, il ordonna à chaque soldat de se mettre à genoux, et à Claudius, ministre du camp, de réciter la prière de l'armée.

Lui-même s'inclina pieusement sur l'arçon de sa selle, les yeux levés vers le rayon de soleil qui éclairait son front comme un heureux augure, et prononça à haute voix ces paroles que l'histoire a gravées en lettres d'or :

— « Si c'est aujourd'hui, Seigneur, que vous devez me punir comme mes péchés le méritent, j'offre ma tête à votre justice; n'épargnez point le coupable. Mais épargnez, Seigneur, le sang de ces soldats et les habitants de cette ville, et ne frappez pas le troupeau pour les fautes du pasteur. Vous savez ce qu'il m'en coûte de ne pouvoir sauver la France autrement que par le glaive; et que, semblable à la vraie mère de Salomon, j'aimerais mieux renoncer à mon royaume que de l'avoir déchiré en lambeaux. Prenez donc ma vie, Seigneur, si elle doit racheter mon peuple; ou détournez de moi, si vous me laissez vivre, la douleur de régner sur des morts! »

L'assaut dura deux heures et demie, et chacun s'y montra digne du Béarnais.

La Noue déploya cette savante habileté du stratégiste qui, faisant ressource de tout, profite des fautes de ses ennemis autant que de ses propres avantages.

A ses côtés, son fils déploya une ardeur que la main paternelle empêcha plus d'une fois de tourner à l'imprudence; et leur nouveau soldat, Iwen-Vraz, justifia vaillamment la générosité du Roi.

Quant à Liskoët, il se battit en homme qui avait promis de mourir, et voici comment il tint parole.

S'étant trouvé enveloppé avec Henri par un gros d'assiégés sortis à l'improviste, il aperçut trois arquebuses braquées contre le Roi, si bien qu'il n'eut que le temps de se placer devant lui, et de recevoir toute la décharge à sa place. Comme il était beaucoup plus grand et plus gros que le Béarnais, celui-ci n'essuya pas une égratignure, et le baron tomba frappé par les trois balles : la première s'amortit sur son corselet, la seconde se logea dans ses cuissards, et la troisième lui traversa la joue. Ce fut l'étourdissement causé par celle-ci qui le renversa. Mais le Roi vit qu'aucune de ses blessures n'était mortelle, et, lui rendant dévouement pour dévouement, il le fit enlever en essuyant une nouvelle arquebusade. Heureusement, elle n'atteignit que son casque, dont elle enleva le panache; — et pourtant cet accident faillit avoir les suites les plus graves.

Ne voyant plus flotter dans l'air ces plumes blanches qui leur servaient de ralliement, les Lansquenets crurent le Béarnais mort, et cette pensée fit tourner le dos aux plus intrépides. Henri s'en aperçut à temps, et courut arrêter la déroute.

— Me voilà! me voilà, compagnons! retournez la tête! cria-t-il dans les rangs, l'épée nue à la main; je suis plein de vie, jarni-Dieu! soyez pleins de courage!

Et tous revinrent si bien à la charge, que les assiégés prirent la fuite.

Ce fut alors que le Béarnais, sûr de la victoire, poussa le noble cri qui terminait toutes ses batailles :

— « Plus de sang ! épargnez les Français ! tous les Français à merci ! »

Au même instant, l'artillerie des pataches ayant répondu à celle des assiégeants, les habitants de Beauvoir demandèrent à capituler, et les deux partis mirent bas les armes.

Henri reçut en pleine tranchée les chefs de la garnison et les magistrats de la ville. Dans leur empressement à se rendre, ceux-ci n'avaient pas même apporté ce qu'il fallait pour rédiger les articles ; le Béarnais leur en fit courtoisement l'observation.

— « A quoi bon écrire ? repartit le sénéchal ; la parole du roi de Navarre nous suffit ! »

Cette confiance leur valut des conditions favorables. Le Roi ne changea dans Beauvoir que la garnison, et celle de Mercœur sortit, vies et bagues sauves, laissant seulement son enseigne au Béarnais.

La première pensée de Henri, dans sa nouvelle conquête, fut de recueillir tous les blessés, amis ou ennemis, et de leur faire donner sous ses yeux les premiers soins.

Entendant alors quelques jeunes officiers plaisanter sur le malheur de leurs adversaires :

— « Silence et respect, messieurs ! leur dit-il avec sévérité ; ce moment est celui des larmes, surtout pour les vainqueurs ! »

En effet, les railleurs en virent une briller dans ses yeux, et l'exemple les frappa plus encore que la leçon.

Dans la grande salle du château, abandonnée précipitamment par les Ligueurs, le Roi trouva la copie d'une bulle du pape Sixte-Quint, qu'il ne connaissait pas encore, et qui contenait son excommunication.

Dégainant le glaive de vengeance, suivant le droit de sa charge, contre un enfant de colère, race bâtarde et détestable de l'illustre famille des Bourbons, le Saint-Père déclarait Henri, jadis roi de Navarre, hérétique et relaps en hérésie, coupable de lèse-majesté divine, et, comme tel, déchu, lui et ses héritiers, de toutes royautés, principautés, duchés, domaines, seigneuries, dignités et honneurs, et incapable de succéder à quelque duché, principauté, seigneurie ou royaume que ce fût, spécialement au royaume de France, dans lequel il avait commis de si énormes forfaits et crimes, etc., etc., etc.

Le Saint-Père terminait en exhortant son fils en Jésus-Christ, Henri, troisième du nom, roi de France Très-Chrétien, à travailler à l'exécution de cette si juste sentence, afin de se rendre agréable au Dieu tout-puissant.

— Ainsi soit-il! dit le Béarnais, à qui cette lecture avait rendu sa bonne humeur.

Malheureusement pour Sixte-Quint, ajouta-t-il en déchirant la bulle, il a compté sans son hôte quand il a compté sur Henri III ; mon cher beau-frère dépense plus de temps et d'argent à élever ses singes, ses perroquets et ses épagneuls de Lyon, que je n'en emploie à lui prendre ses châteaux et ses villes... Cependant la lettre de Sa Sainteté vaut une réponse, et la voici.

Aussitôt il saisit une plume, et traça les lignes suivantes :

Henri, par la grâce de Dieu, roi de Navarre, prince souverain de Béarn, premier pair et prince de France... s'oppose à la déclaration et excommunication de Sixte V, soi-disant pape de Rome, la maintient fausse, et en appelle comme d'abus à la cour des pairs de France ; dit et soutient que M. Sixte, soi-disant pape (sauf sa sainteté), en a faussement et malicieusement menti, et que lui-même est hérétique, ce que Henri de

Navarre fera prouver en plein concile libre et légitimement assemblé..... Proteste cependant de nullité, et de recourir contre ce prétendu pape Sixte et ses successeurs, pour réparation de l'injure à lui faite et à la maison de France, espérant que Dieu lui fera la grâce de venger ladite injure, implorant à cet effet l'aide et secours de tous les rois, princes, villes et communautés, vraiment chrétiens et alliés à la couronne de France, contre la tyrannie et usurpation du pape et des Ligueurs, ennemis de Dieu, de l'État, de leur loi, et du repos général de toute la chrétienté.

Signé HENRI DE BOURBON,
Roi de Navarre.

Le Béarnais chargea La Noue de faire parvenir cette pièce à Rome ; et quelques semaines après, elle y fut affichée par une main inconnue sur les célèbres statues de Pasquin et de Marforio, sur les murs de toutes les églises et jusque sur la porte du Vatican.

Les grands génies et les grands ennemis sont faits pour se comprendre. Pendant que l'audace du roi de Navarre plongeait toute la ville et tout le conclave dans la stupeur, Sixte-Quint, plus profond politique que pieux apôtre, conçut dès ce jour-là pour son digne adversaire l'admiration et la sympathie secrètes qu'il laissa plus d'une fois éclater depuis, tout en continuant de le persécuter.

Un tel résultat valait bien la prise de Beauvoir.

VII

Vers la fin du mois suivant, le Béarnais marchait sur Paris, Liskoët relevait de ses blessures, et la baronne mourait avec les dernières feuilles...

Avant de rendre l'âme, elle fit venir le kloarek, et, seule avec lui et Aliénor, elle lui parla ainsi :

— Je vais bientôt retourner à Dieu, Mikel, et vous allez reprendre le chemin de Kemper. En passant à Rustéfan, vous annoncerez ma mort à M. le recteur de Pont-Avenn, et vous lui remettrez ce message.

Elle tira de son sein une lettre cachetée de noir, qu'elle ordonna au kloarek de serrer avec le plus grand soin.

— Songez bien, reprit-elle, ranimant sa voix éteinte, que jamais dépôt plus important et plus sacré n'aura été confié à votre discrétion... Mes suprêmes volontés, les volontés du Seigneur, sont là dedans !... Vous avez dans les mains l'avenir de ma fille en ce monde et le repos de mon âme dans l'autre... Jurez-moi que d'ici à quinze jours vous aurez remis cela au recteur de Pont-Avenn !...

Le kloarek fit le serment qui lui était demandé. Un mystérieux espoir illumina le dernier regard de la baronne... Elle se fit donner sa fille, qu'elle serra convulsivement dans ses bras. Puis, un rayon du soleil de novembre étant venu au-devant de son âme, elle la laissa doucement remonter au ciel...

Quelques semaines après, ses restes furent transportés à Pont-Avenn, où ils furent inhumés dans l'église de la paroisse.

ALIÉNOR.

Première Partie.

MOR-VANIEL-LE-LIGUEUR.

I

CHEMIN FAISANT.

Les années vont vite, et les révolutions plus vite encore.

Depuis le siége de Beauvoir, la face des choses avait bien changé. Henri III était tombé sous le couteau de Jacques Clément, au moment où, excommunié à son tour, il venait de tendre la main au Béarnais. Sa mort avait été célébrée comme un bonheur public, et le réseau de la Ligue avait enveloppé toute la France.

Cependant les plus profondes divisions déchiraient ce royaume sans roi.

Le duc de Mayenne, « lieutenant général de la couronne, » gouvernait avec les États de la Ligue. Au milieu de la salle où siégeaient ces États, un trône vide attendait le successeur des Valois : Mayenne y plaça d'abord, sous le nom de Charles X, le fantôme du cardinal de Bourbon; mais ce vieillard ne fit que s'y asseoir, et mourir.

Alors ce fut à qui monterait à sa place, et la France eut vingt rois aspirants : le duc de Savoie voulait l'être, comme petit-fils de François Ier par sa mère; Philippe II poussait l'infante Isabelle, au mépris de la loi salique; le duc de Nemours appuyait celle-ci dans l'espoir de l'épouser; le duc de Guise et le marquis de Pont représentaient l'ambitieuse maison de Lorraine; enfin Mayenne songeait plutôt à écarter les autres qu'à s'avancer lui-même, et ménageait ses intérêts en ménageant ceux de tout le monde.

« Nuit et jour, dit L'Étoile, on voyait dans les rues les prétendants à la couronne, allant visiter les députés des États et briguer leurs suffrages. » Ils se lançaient des caricatures, des pamphlets et des « pasquils; » chacun faisait proclamer ses droits en pleine chaire par des prédicateurs à gages, et s'il y avait des contradicteurs dans l'auditoire, le lieu saint devenait une halle ou un champ de bataille.

Au-dessous de ces divers partis, la terrible faction des Seize méditait dans l'ombre un plan de république.

Enfin, suivant la belle comparaison de

d'Aubigné, tous les enfants de la France se battaient sur le sein déchiré de leur mère; et les Ligueurs n'étaient plus ligués que sur un seul point : l'exclusion de Henri de Bourbon, leur véritable roi.

Or, tandis que cette foule de rivaux lui disputait son royaume dans les chaires et sur les registres des États, le Béarnais le reprenait à la pointe de l'épée, et resserrait chaque jour le cercle de la Ligue. « Étourdissant de ses coups multipliés ce corps vaste et pesant, » il avait déjà réduit les plus importantes provinces, et il ne lui restait plus que deux points extrêmes à enlever : la Bretagne et Paris.

Il se chargea lui-même de la capitale, dont il fit le siége pour la troisième fois, et il envoya en Bretagne le prince de Dombes et le maréchal d'Aumont.

Le premier remporta plus de victoires au

jeu de la bague que sur les champs de bataille, et assiégea la jolie douairière de Kervenno de préférence aux places fortes de la Ligue.

D'Aumont fut plus actif et moins galant (car quel capitaine du Béarnais ne l'était pas?); mais quand il arriva en Bretagne, il trouva Mercœur établi partout.

Philippe-Emmanuel de Lorraine, duc de Mercœur, était un des membres les plus puissants de la puissante famille des Guises.

Petit-fils d'Antoine de Lorraine et de Renée de Bourbon, beau-frère de Henri III, qui l'avait nommé gouverneur de Bretagne, il avait épousé la belle et célèbre Marie de Luxembourg, duchesse de Penthièvre et vicomtesse de Martigues, petite-fille de Renée de Bretagne, descendante immédiate de Charles de Blois.

La duchesse de Mercœur était donc le

dernier rejeton du sang des ducs de Bretagne, et l'héritière de ce terrible droit de succession que tous les rois de France avaient racheté, depuis Louis XI, même après la réunion du duché à la couronne.

Aussi disait-on que le génie de cette femme s'élevait à la hauteur de sa naissance et de sa beauté, et qu'elle poussait son mari à des destins beaucoup plus grands que ceux d'un lieutenant du roi de France en Bretagne.

Non moins ambitieux que son épouse, savant et brave capitaine sur un champ de bataille, le duc de Mercœur avait malheureusement ce défaut de caractère qu'on décore parfois du nom de prudence, mais qui, chez lui, ne pouvait s'appeler qu'irrésolution; — défaut que rien ne saurait compenser chez un homme d'État, pied d'argile des plus redoutables colosses de l'histoire!

Ainsi, tout en s'emparant de l'Armorique à la mort de Henri III, Mercœur cacha sa révolte sous le masque de la religion, et feignit de continuer simplement l'œuvre défensive de la Ligue. Il ne changea rien à son titre de gouverneur de Bretagne, commanda au nom du roi Charles X, tant que celui-ci vécut, et n'usurpa qu'insensiblement les priviléges de la souveraineté. Son acte le plus hardi fut d'établir à Nantes un parlement, en opposition à celui de Rennes, qui avait reconnu le Béarnais; encore appela-t-il ce parlement « Parlement de la Ligue, » lui ordonnant de rendre ses arrêts par provision, et (Charles X étant mort) « en l'absence d'un roi. » Lui-même ne manqua jamais d'inscrire cette cauteleuse formule en tête de ses ordonnances; de façon à prévenir tout reproche de lèse-majesté, dans le cas où il perdrait la partie.

Si ces précautions diminuèrent l'animosité de ses adversaires, le zèle de ses partisans fut loin de s'en augmenter; et dans un pays indépendant comme la Bretagne, on peut dire que ce fut là une grande faute.

Mercœur commit une faute plus grande encore en ouvrant les ports de l'Armorique aux Espagnols : c'était se mettre à la merci d'un allié plus puissant que lui-même, et qui devait être bientôt son plus dangereux ennemi; c'était surtout attirer en Bretagne un déluge de maux, dont le tableau paraîtra incroyable.

Au moment où recommence cette histoire, la basse Cornouaille, qui en sera le théâtre, offrait déjà le plus triste spectacle.

Ce modeste « recoin du monde, » comme l'appelle le chanoine Moreau, se voyait enlever par la guerre civile tous les fruits d'une paix de cent cinquante ans. Sachant bien que « l'oie y était encore grasse, et le bonhomme (l'habitant) excellent à ravager, » — car la plupart des paysans possédaient « de beaux meubles, de riches bijoux, des coffres pleins d'écus, et des buffets chargés d'argenterie, » — tous les chefs de partis s'y étaient jetés à la fois, sans compter les brigands sortis du pays même.

D'une part, le maréchal d'Aumont venait d'entrer dans Kemper avec son armée de « luthériens, calvinistes, athéistes, libertins, et toutes sortes de gens croyant en Dieu par bénéfice d'inventaire. »

D'autre part, plusieurs milliers d'Espagnols, commandés par don Juan d'Aquila, tenaient les places fortes de la côte, notamment la citadelle de Krozon, d'où ils s'abattaient, comme des oiseaux de proie, sur les « basses terres » environnantes.

Pendant ce temps-là, le duc de Mercœur

se préparait à descendre, disait-on, de la haute Bretagne, pour disputer au maréchal d'Aumont ses conquêtes. Et en attendant, tous les chefs de Ligueurs « battaient l'estrade, » c'est-à-dire pillaient les villages, incendiaient les villes, assiégaient les manoirs, massacraient les hommes, déshonoraient les femmes, détroussaient les voyageurs; en un mot, « faisaient sang ou curée de tout ce qu'ils trouvaient à portée de l'arquebuse ou de la main. »

Ces brigandages, qu'on appelait « la petite guerre, » ou « la picorée, » étaient tellement usités, comme attaque et comme représailles, qu'ils avaient fini par entrer dans les mœurs du pays. Les plus sages capitaines ne pouvaient les interdire à leurs soldats ; quiconque portait la cape et l'épée les exerçait publiquement et journellement ; et ceux qui n'en avaient pas le courage ou la force étaient réduits à s'en vanter, sous peine de honte.

Tant de violences devaient épuiser la patience bretonne : la « paysantaille, » comme dit Moreau, se souleva contre les seigneurs ; ce sentiment d'indépendance, qui ne mourra jamais en Bretagne, vint fortifier la vengeance des paroisses, et la Cornouaille ne fut plus qu'un vaste champ clos où l'on s'entr'égorgeait à la clarté du soleil.

Pour se convaincre des périls qu'un tel état de choses offrait à tout le monde et à toute heure, il eût suffi de considérer les soixante hommes d'armes qui escortaient, l'épée au poing, le seigneur Bertrand du Liskoët, se rendant, par une belle journée de septembre, de Kemper à son château de Rustéfan. Les deux tiers de cette troupe appartenaient à la garnison de Konk (autrement Concarneau), situé à mi-chemin de Pont-

Aven et de Kemper, et marchaient sous les ordres d'Olivier Le Prestre, sieur de Lézonnet, qui les ramenait du siége de cette ville.

Le reste se composait des genstilshommes, des soldats et des valets du baron lui-même.

Le seigneur de Rustéfan n'était plus le formidable guerrier du siége de Beauvoir. Les souffrances, les chagrins et les fatigues en avaient fait un vieillard avant soixante ans. La neige qui était tombée sur son crâne à moitié chauve n'avait respecté que ses épais sourcils et ses longues moustaches. Les rides et les cicatrices sillonnaient ses joues ; sa tête s'inclinait fortement sur sa poitrine ; la goutte avait contourné ses doigts et s'acharnait à ses jambes.

Cependant une grande fermeté morale respirait encore dans sa voix et dans son regard, qui semblaient avoir conservé toute leur force, en perdant une partie de leur violence.

Quant à l'expression de sa figure, elle avait subi la plus singulière révolution ; tantôt c'était la mélancolie d'un malheureux livré au plaisir amer de ses souvenirs, tantôt la gaieté forcée d'un homme qui les secoue comme un fardeau ; rarement les emportements d'autrefois venaient troubler cette alternative.

C'est que le feu et la douleur amollissent les métaux et les caractères les plus durs.

Après la mort de sa femme, qu'il n'avait appréciée qu'en la perdant, le baron avait suivi six ans le Béarnais sur les champs de bataille, où son impétuosité était toujours allée au-devant des blessures les plus cruelles.

Pris par les Espagnols, il avait passé trois années dans les fers ; enfin le maréchal d'Aumont l'avait racheté en levant le séquestre posé sur ses domaines ; et, après avoir donné ses derniers coups d'épée sous les murs de Kemper, il allait se reposer dans son château de Rustéfan.

Pendant ce temps-là, sa fille et sa nièce avaient grandi dans une paisible obscurité, au village de Lok-Maria-lèz-Kemper : la première, sous la surveillance secrète de sa gouvernante, la demoiselle Amice de Koatkatar; la seconde, au milieu des exercices religieux du prieuré.

Pressé de l'enlever à ces habitudes dangereuses, le vieux protestant avait envoyé Blanche devant lui à Pont-Aven, pour tenir sa maison prête à le recevoir ; et il cheminait lui-même, accompagné d'Aliénor, d'Amice, de ses écuyers, et de l'ancien kloarek Mikel-Favennek, — aujourd'hui ministre-médecin calviniste !

Comment s'était opérée une telle révolution chez le protégé de madame du Liskoët ?

On devine que les beaux yeux de mademoiselle de Koatkatar en avaient été la cause efficiente, comme aurait dit Mikel. La cause déterminante était venue du Béarnais, « qu'on ne s'attendait guère à voir en cette affaire. »

Pendant le dîner des fiançailles de La Noue et d'Aliénor, le Roi, qui voulait que chacun se réjouît, avait fait asseoir le kloarek à côté de la belle gouvernante ; il avait jeté le plus grand désordre dans le cœur déjà fort troublé du séminariste, en répétant à plusieurs reprises qu'il voulait les marier ensemble ; enfin une plaisanterie sur le célibat perpétuel avait mis en désarroi la vocation de Kernewote, et il s'était promis, entre deux verres de vin d'Anjou, de jeter à la première occasion son froc aux orties.

Il était cependant revenu dans sa famille à

Pont-Aven, où il avait rempli la mission de la baronne auprès du recteur; mais au lieu de prendre le chemin du séminaire, il avait joint l'armée du roi de Navarre.

De campagne en campagne, il était parvenu jusqu'à Montpellier, la ville calviniste et savante. Là, il avait abjuré, de la meilleure foi du monde, une religion qui interdit le mariage à ses ministres; il avait pris à la fois ses grades en médecine et en théologie protestante, et il était revenu attaché au baron, comme directeur du corps et de l'âme.

Mais à peine de retour en Bretagne, l'apostasie de Mikel avait reçu le plus cruel châtiment. Saisi par des paysans en flagrant délit de prédication, il avait été mis sur le bûcher comme hérétique, et il ne s'était échappé qu'à demi grillé; de sorte que le malheureux qui avait fait tant de chemin pour atteindre au mariage se trouva l'homme le plus difficile à marier qu'il y eut au monde.

Quand, au lieu de ses beaux cheveux blonds, et de son visage vermeil, il rapporta à la demoiselle Amice son crâne chauve et son front bruni par la flamme, il eut la douleur de se voir complétement méconnu.

Il persista néanmoins dans ses poursuites amoureuses, prêchant à la gouvernante le détachement des choses corporelles, et se flattant de la voir enfin s'habituer à sa figure. Il changea, faute de mieux, son nom de Mikel contre celui du roi Salomon, l'heureux fiancé de la Sulamite, le mari aux cent femmes! Il fit tout ce qu'il était possible de faire pour réparer ou compenser les outrages du bûcher; il se couvrit de soie et de velours, s'arrosa d'essences, s'embauma de parfums... Soins inutiles!

Il faut dire qu'Amice avait au fond de l'âme un sentiment, dont le plus beau cavalier n'eût triomphé qu'avec peine. Ce sentiment — combien peu les rois savent la portée de leurs actions et de leurs paroles ! —ce sentiment datait du baiser que le Béarnais avait appliqué, comme un fer chaud, sur les joues fraîches de la gouvernante. Des joues, l'empreinte brûlante était descendue jusqu'au cœur ; et, pour tout dire en un mot, Amice était amoureuse du roi de France !

Cependant, comme cet amour était évidemment sans espoir, et qu'une honnête beauté ne saurait demeurer en friche, Amice avait prêté l'oreille aux propositions fallacieuses d'un certain cadet de Gascogne, aussi noble que riche, aussi tendre que brave... en paroles. Mais le drôle avait la mine si avenante, la taille si parfaite, et les moustaches si bien retroussées ; il se disait d'ailleurs si bon huguenot et si bon royaliste, qu'il avait éclipsé un instant le Roi lui-même.

Cet instant avait suffi au Gascon pour passer le nœud coulant du mariage à la belle subjuguée; mais lui-même s'y était bientôt trouvé pris aussi douloureusement qu'elle.

Entre autres priviléges de son sexe, dame Amice était fantasque et impérieuse; son sang n'avait pas moins de vivacité que d'éclat, et son noble époux éprouva même un jour la légèreté de sa main. Il lui fit sentir aussitôt la pesanteur très-roturière de la sienne; puis il alla chercher, dit-il, des ennemis plus dignes de sa vaillance.

Quelques semaines après, la gouvernante apprit qu'il n'était qu'un habile aventurier; par bonheur, elle eut en même temps la joie de pleurer sa mort, et on juge si le docteur Salomon revint à la charge!

En ce moment même, Favennèk poussait d'autant plus galamment sa pointe, que la demoiselle de Koatkatar (elle avait repris ce nom depuis son veuvage) voyageait en croupe derrière lui. Cette position donnait à l'amoureux un grand avantage, c'est qu'Amice n'apercevait point sa figure.

Il lui débitait donc, par-dessus l'épaule, tous les textes de la Bible ayant trait au mariage; et tantôt la dame lui répondait par un éclat de rire nerveux, tantôt elle l'interrompait au plus beau moment par un cri de terreur. Ceci avait lieu lorsque le ministre, emporté par son éloquence, jetait leur commune monture au milieu des ornières.

Toutefois, il se consolait des reproches qui lui étaient adressés alors, en sentant un bras rondelet presser involontairement sa taille.

— *Fulcite me floribus!* soupirait-il aussitôt avec l'Ecclésiaste, *stipate me malis, quia amore langueo* (1)! *Lœva ejus sub capite meo, et dextera illius amplexabitur me!*

(1) Faites-moi un lit de fleurs et de fruits; car je languis d'a-

Puis la belle capricieuse recommençait à rire, et le docteur poursuivait sa tendre homélie.

Cependant Aliénor chevauchait auprès de son père, et sa tristesse contrastait fort avec la gaieté de la gouvernante.

Mademoiselle du Liskoët, en grandissant, avait tenu les promesses de son enfance. Elle allait avoir vingt ans, et sa beauté venait de s'épanouir; or, si cette beauté n'était pas parfaite, elle n'en offrait peut-être que plus de charmes.

Sa taille moyenne, mais élancée, souple et ferme à la fois, semblait unir la grâce onduleuse du cygne aux ressorts vigoureux du serpent. Tout trahissait en elle un de ces cœurs généreux, dont les moindres battements sont des passions; une de ces natures

---

mour. Sa main gauche sera sous ma tête, et sa main droite m'embrassera. (*Cantique des cantiques*, chap. 2, vers. v et vi.)

délicates, mais intrépides, qui, comme l'oiseau, s'élancent aux cieux d'un coup d'aile.

On reconnaissait cette sensibilité puissante : au regard sombre et doux de ses yeux noirs, à la pensée qui flottait comme une lueur sur son front; aux teintes chaudes et vermeilles qui affluaient sous la ferme pâleur de ses joues, comme un rayon de soleil couchant sous la blancheur d'un nuage; à la coupe exquise et altière de son nez et de sa bouche, dédaigneuse de montrer les perles de son sourire; et jusqu'à la finesse énergique de ses mains et de ses pieds, qui ne semblaient pas faits pour toucher aux choses de la terre.

Elle portait gracieusement le bandeau garni de perles, les templettes écussonnées, les cheveux flottants sur le cou, la large fraise de dentelle, le corsage baleiné, l'écharpe de gaze blanche, la jupe à vertugadin; et elle maniait avec la dextérité d'un écuyer son cheval caparaçonné de bandes de velours.

— A quoi songes-tu donc, Norik (1)? lui demanda gaiement le baron, l'arrachant à sa rêverie silencieuse; tu vas à ta noce, Corps de Christ! et l'on dirait que tu suis ton propre enterrement.

La jeune fille sourit en soupirant, et jeta un regard derrière elle...

Plus d'une fois déjà, ce mouvement avait interrompu ses réflexions, depuis son départ de Kemper.

— Monsieur mon père, répondit-elle, je comptais les gentilshommes qui devaient vous accompagner à Rustéfan...

— Et tu voyais qu'il en manque plu-

---

(1) Abréviatif et diminutif d'Aliénor, en langue celtique.

sieurs... un surtout peut-être, M. de Lestialla? — Aliénor rougit imperceptiblement.

— Un Ligueur, baron? dit un des hommes d'armes de Lézonnet; vous recevriez chez vous un Ligueur?

— Votre capitaine l'a bien été, messires! repartit en riant Liskoët, tandis que le sieur Le Prestre feignait de ne pas entendre. D'ailleurs, celui-ci n'est pas un Ligueur comme les autres... C'est le plus brave et le plus galant homme à qui je voulusse passer l'écharpe blanche. Redis-nous un peu, Norik, tout ce qu'il a fait pour...

— Oh! vous conterez cela beaucoup mieux que moi, monsieur mon père, interrompit la jeune fille avec une vivacité respectueuse.

« C'était pendant les premiers jours du siége, reprit le châtelain; le maréchal venait d'investir la place, et ne vous avait pas encore appelés à son aide, messires.

« Ma fille et ma nièce passaient quelquefois le bac de Lok-Maria, pour aller porter des secours à de pauvres *penn-ty* (1). Un matin elles furent surprises par une troupe de Ligueurs qui fourrageaient hors des murs, et voilà la charité prisonnière ! Mais à peine le chef de la troupe a-t-il regardé les captives, qu'il s'incline courtoisement devant elles, et s'excuse de les avoir interrompues dans leur pieuse action.

« En même temps il allait les reconduire jusqu'au bac, lorsque ses soldats déclarent qu'ils veulent garder leurs proies, ou tout au moins les vendre cher.

« Ces deux demoiselles sont de bonne prise et de bonne maison, disent-ils; leurs familles les rachèteront peut-être cinq cents écus.

---

(1) Journaliers-cultivateurs, presque toujours misérables.

« En voici la moitié! repart le chef, en leur jetant sa bourse et quelques bijoux qu'il portait sur lui; vous savez ce que vaut ma parole, vous aurez le reste demain.

« Les soldats lâchent aussitôt les prisonnières, et le capitaine les escorte jusqu'en face de Lok-Maria.

« Là on lui demande son nom; il répond : — Ronan de Lestialla, — et il s'éloigne avec sa troupe.

« Deux jours après, Blanche et Aliénor, qui n'osaient plus quitter le village, étaient assises devant la fenêtre de leur chambre, ouverte sur la rivière. Tout à coup elles poussent un cri, en sentant un projectile siffler sur leurs têtes : elles croient que c'est pour le moins une balle d'arquebuse à croc; mais elles voient une pierre enveloppée d'une lettre, et qui n'avait pu être lancée que par une fronde. Elles ouvrent ce singulier message et y trouvent ces mots :

« Quittez Lok-Maria ce soir.

» Ronan de Lestialla. »

« Vous jugez qu'elles ne manquèrent pas d'obéir, et bien firent-elles ; car Lok-Maria fut pillé la nuit suivante par une bande d'Espagnols.

« Mon tour devait arriver après celui de mes filles, poursuivit le baron. Comme je suis toujours le dernier sur le camp de bataille, je suis toujours le premier pris. C'est ce qui ne manqua pas de m'arriver à Kemper.

« Le comte de l'Épinay, à qui j'avais rendu le tronçon de mon épée, m'annonça qu'il fallait me préparer à mourir, ou lui compter mille écus au soleil. Je lui déclarai que je n'en avais pas le premier sou tournoi ; et il allait me faire arquebuser comme un hérétique, lorsque je vis un de mes écuyers tomber du ciel, au fond de ma prison...

« Il apportait au comte ma rançon, qu'un tailleur de Kerfeunteun lui avait remise de la part du seigneur de Lestialla, avec un sauf-conduit pour entrer dans la ville !

« Un quart d'heure après, je revenais sous bonne escorte auprès du maréchal d'Aumont.

« C'était donc quatre mille cinq cents livres que je devais à un ennemi inconnu ; sa quittance fut encore plus originale que son prêt.

« A la fin du dernier assaut, pendant que nous forcions la porte des Regaires, et que les derniers Ligueurs quittaient la place, un cavalier me reconnaît à mes armes, croise l'épée avec moi, se laisse entourer par mes gens, et devient mon prisonnier.

« Votre nom, messire? lui dis-je en m'assurant de sa personne.

« Ronan de Lestialla, pour vous servir, répond-il avec le sourire le plus aimable.

« Et comme je m'écriais : Je vous dois quatre mille livres ! il repart fièrement : C'est moi qui vous les dois, au contraire ; car ma rançon fut toujours estimée le double !...

« Cependant, ma religion m'exposant, disait-il, à des dangers dans Kemper, il voulut demeurer mon captif sur parole, et le fait est qu'il a été hier encore mon défenseur contre les papistes.

« Aliénor, en retournant près de ses pauvres journaliers, découvrit qu'ils avaient continué de recevoir ses bienfaits par les soins du Ligueur. — Et moi j'ai découvert autre chose, ajouta Liskoët à demi-voix ; c'est que le seigneur de Lestialla est amoureux de ma nièce, et que, Blanche étant Ligueuse, elle ne saurait trouver un meilleur parti.

— Que pensez-vous de cette idée, monsieur de Lézonnet ?

Lézonnet était un de ces caractères louches et sceptiques, ombrageux et jaloux, qui ne disent jamais ni oui ni non, de peur de se compromettre. Il n'exprimait le plus souvent son opinion que par un murmure inarticulé, accompagné d'un hochement de tête problématique, et il s'était fait une réputation de profonde capacité, sans autre fondement que ce silence absolu.

Son geste habituel fut donc toute sa réponse au châtelain, quelque peu de danger qu'il y eût à se prononcer sur la question.

Liskoët vit là une approbation tacite de son projet; et, après avoir allongé sa jambe goutteuse sur l'épaule de son cheval, il poursuivit, en jetant un coup d'œil dans la campagne :

— Je ne comprends pas cependant que M. de Lestialla ait manqué à mon rendez-vous de ce matin. Non pas que je me croie aucun droit sur sa personne, quoiqu'il s'entête à me devoir sa rançon; mais je l'ai formellement invité au mariage de ma fille. Il sait que nous avons dû partir de bonne heure, ayant huit grandes lieues à faire, et il avait promis de nous rejoindre au plus tard à mi-chemin de Concarneau. Est-il piqué que ma nièce ne soit point du voyage? ou craint-il de rencontrer à Rustéfan messire Odet de La Noue?

L'expression d'ironie, que la première supposition avait amenée sur les lèvres d'Aliénor, fit place à un frissonnement involontaire, excité par le nom de son fiancé.

Elle regarda pour la vingtième fois en arrière, comme une personne qui attend et redoute à la fois la même chose, et un rayon d'espérance anima son visage, à la vue de plusieurs cavaliers galopant sur la route.

Mais bientôt la bizarrerie de leur équipage lui fit reconnaître son erreur :

C'étaient huit ou dix pauvres gentilshommes des trêves environnantes, se rendant, sur autant de chevaux étiques, leurs lances rouillées au flanc, à l'arrière-ban des paroisses de Beuzek et de Nizon, convoqué par le maréchal à Concarneau, où le sieur de Lézonnet devait en faire la montre.

Tous portaient l'écharpe blanche, ou censée blanche, imposée depuis la soumission de Kemper; et chacun était suivi d'un valet de ferme ou d'un garçon de charrue, élevé pour la circonstance au rang de page ou d'écuyer.

Ayant salué le capitaine et le baron, ils chevauchèrent prudemment à la suite de leur escorte, et parlèrent des affaires du temps en hommes peu rassurés.

— On raconte, dit un d'entre eux, que les bandes de La Fontenelle viennent de s'abattre sur les basses terres.

— Les bandes de La Fontenelle! s'écrièrent les plus braves, émus au nom seul de ce brigand, qui était la terreur de la Bretagne.

— Si cette nouvelle est vraie, dit un second gentilhomme, Royaux et Ligueurs n'ont qu'à se réunir contre l'ennemi commun.

— C'est ce que nous reconnaîtrons bientôt, ajouta un troisième, aux traces particulières de ce sanglier de la Cornouaille.

— A propos, qu'est-ce que c'est que cela? demanda un homme d'armes, en indiquant des tourbillons de fumée répandus sur les cimes lointaines de la Forêt.

— Cela doit être un village ou un manoir qui brûle, murmura Lézonnet, une main sur son œil droit.

— C'est l'un et l'autre, messeigneurs! dit un de ses cavaliers; car, à en juger par la distance, la fumée couvre un grand espace, et les flammes qui s'en détachent éclairent en même temps une tourelle et un clocher.

Au même instant, le cheval qui portait le ministre et la gouvernante se rejeta en arrière avec un hennissement terrible, et tout le monde s'arrêta, glacé d'horreur, devant quinze cadavres nus, pendus par les pieds aux chênes du grand chemin.

La plupart étaient déchirés de larges blessures, où le sang s'était figé pendant la nuit, et le premier portait, accrochée aux dents, cette abominable pancarte :

« *Au nom du Père, du Fils et du Saint-Esprit, Guerre aux vivants, Paix aux morts. Ainsi soit-il !* »

— Décidément, La Fontenelle est dans ce pays ! sécria toute la troupe consternée, car voilà bien ses armes et sa devise !

Un peu plus loin, ils aperçurent des champs de blé réduits en cendre, ou foulés aux pieds des chevaux ; quelques pauvres cabanes, dont il ne restait plus que les murs noircis par la flamme; des hameaux entiers réunis pour moissonner un coin de terre, les uns gardant les talus avec des épieux, des faux, ou même des lances et des arquebuses, les autres coupant le sarrasin à moitié mûr, ou relevant un reste d'épis broyés contre le sol.

Bientôt parurent des charrettes chargées de meubles, entourées d'une centaine de paysans à pied et à cheval, armés jusqu'aux dents, et criant : Qui vive ?

C'étaient les riches villageois qu'avait épargnés « la petite guerre, » et qui, préférant le voisinage des hérétiques ou des Espagnols à celui de La Fontenelle, transportaient à Kemper leurs bahuts sculptés, leur beau linge, leurs habits brodés de soie, leurs coffres-forts et leurs hanaps d'argent.

A chaque rencontre, ils se mettaient en garde, se rangeaient en bataille, et ne livraient qu'à bon escient la moitié de la route.

Et ces tableaux étaient d'autant plus désolants, que Dieu semblait bénir, ce jour-là, la Cornouaille. Les rayons d'un soleil pur souriaient à ces champs ravagés. La fumée de ces incendies tournoyait dans un ciel sans nuages. Ces cadavres sanglants se balançaient sous le feuillage vert, au souffle d'un vent parfumé ; et ces hommes armés se menaçaient de mort au milieu d'une nature en fête !

— Hélas ! s'écria le docteur Salomon, se rappelant les souvenirs de son enfance, *quantùm mutatus ab illo !* Quel changement dans ce pays ! Que sont devenus les pardons solennels, les joyeux charrois et les aires-neuves, où les Baz-Valan menaient les *Paotred* au-devant des *Pennerez*, comme l'ange qui conduisait Tobie vers la fille de Raguel, *ut ipsi conjungerentur secundùm legem Moysi !*

Il va sans dire que cette nouvelle allusion

fut suivie d'un nouveau soupir, et d'un nouveau regard jeté sur la gouvernante.

Mais les voyageurs ne devaient pas tarder à éprouver par eux-mêmes les effroyables périls qu'ils avaient jugés par leurs yeux.

Cette surprise les attendait aux deux tiers de la route de Konk, dont ils n'avaient encore fait qu'environ la moitié.

II.

LE GUET-APENS.

Cependant le seigneur de Lestialla ne paraissait point, et désespérant de le voir arriver, Liskoët ordonna de presser la marche.

— Il nous rejoindra pendant que nous dînerons à Concarneau, dit-il ; d'ici là, tâchons d'éviter la rencontre de La Fontenelle.

— Cela sera plus prudent que de compter sur la promesse de votre prisonnier, messire, ajouta ironiquement Lézonnet, en mettant son cheval au grand trot.

Mais au même instant Aliénor repartit avec un éclat de surprise et de joie comprimée : — C'est vous qui comptez sans votre hôte, monsieur le capitaine, car voici le seigneur de Lestialla !

— Mademoiselle, vous avez l'œil plus perçant que moi, reprit le commandant de Concarneau, qui vit seulement un grand chien noir bondir à deux portées d'arquebuse.

Presque aussitôt parut un cavalier coiffé d'une toque noire, à plume rouge, revêtu d'un corselet de fer bruni joignant un haut-de-chausses noir, et monté sur un cheval noir, si rapide et si léger, qu'il semblait à peine effleurer la terre.

Rien de plus aimable et de plus doux que

la figure du personnage qui portait ce sombre costume. Qu'on se représente un jeune homme de vingt-huit ans, une taille mince, élancée, une tournure pleine d'élégance, un visage rose et souriant, de longs cheveux blonds pendants sur les épaules, quelque chose d'un paysan et d'un prince, d'un enfant et d'un lion, un regard profond et caressant, de petites moustaches sur deux lèvres fines, et une impériale que le fer n'avait point touchée : tel était le seigneur de Lestialla.

Tandis qu'il saluait le baron et la jeune fille, à qui son superbe chien faisait fête, Lézonnet le toisa du coin de l'œil, et dit au gentilhomme qui en avait parlé :

— Vous connaissez ce beau sire ?

— De nom seulement, capitaine.

— Et vous ?

—C'est la première fois que je le vois.

— Moi, j'ai passé six mois dans la Ligue, j'ai souvent entendu parler de lui, mais je ne l'ai jamais aperçu.

— On le dit du pays de Léon ; je ne sache pas qu'il y ait un seul Lestialla.

— D'ailleurs, il porte d'azur, à trois comètes caudées d'argent ; ces armes ne sont pas plus de Bretagne que sa figure.

— Voilà qui est singulier, dit Lézonnet.

— Remarquez-vous les regards qu'il jette à la fille du baron ?

— Par Dieu ! qui oserait ainsi voyager seul, si ce n'est un dameret courant après sa belle ?

— Ou un aventurier méditant un mauvais coup, murmura Le Prestre.

Quoiqu'il eût prononcé ces mots avec sa prudence habituelle, Lestialla lui demanda vivement :

— De qui parlez-vous, messire ?

— Je parle des aventuriers qui battent la

campagne, répondit Lézonnet en se mordant la langue; je crains que d'ici à Concarneau nous ne tombions dans quelque embuscade.

— Ou dans quelque recrue de Royaux n'ayant pas l'honneur de nous connaître, ajouta un des gentilshommes de l'arrière-ban; la plume de monsieur de Lestialla est à la couleur de la Ligue.

— C'est vrai, répliqua résolûment le cavalier; le baron, qui m'a pris les armes à la main, sait que je suis franc Ligueur! Je porterais cette plume en face du maréchal d'Aumont lui-même! Je ne serai jamais politique (1), poursuivit-il en regardant le commandant de Concarneau, car je n'ai point fa-

(1) On appelait politiques les Catholiques et les Ligueurs qui avaient reconnu Henri IV « malgré la longueur de ses cornes, » comme disait le sénéchal de Kemper, faisant allusion à la religion du Béarnais. (Chanoine Moreau. — *Histoire de la Ligue en Bretagne et particulièrement dans le diocèse de Cornouaille*).

briqué mon épée avec la queue d'une girouette, et je ne saurais me tailler une escarcelle dans l'écharpe d'aucun parti; celle du Béarnais me fût-elle offerte par la main de l'amour, j'aurais le courage de la rejeter! Il y a des personnes qui m'en estimeront davantage, n'est-il pas vrai, monsieur du Liskoët?

—Certes, je vous estime Ligueur, dit le baron, mais que je vous aimerais Royaliste!

— Quant aux terreurs inspirées par ma plume à ces braves gentilshommes, continua ironiquement Lestialla, qu'ils se rassurent! Malgré la prise de Kemper et leur soumission, la basse Cornouaille n'en est point à crier vive le Roi! Et la couleur que je porte pourrait bien les protéger au lieu de les compromettre.

En prononçant ces mots, il promenait un regard dans la campagne, comme s'il y eût cherché la confirmation de ses paroles.

— A propos de couleur, reprit-il gaiement, voici un drôle qui ne dissimule pas la sienne!

Il venait de remarquer, à deux cents pas de l'escorte, un gigantesque cavalier dont une énorme écharpe blanche enveloppait tout le corps.

Quand cet inconnu se vit l'objet de l'attention générale, il feignit de ne pas s'en apercevoir, et se mit à chanter à haute voix :

> « Vive Henri-Quatre !
> Vive ce roi vaillant !
> Ce diable à quatre
> A le triple talent
> De boire et de battre
> Et d'être vert galant !... »

— Monsieur de Lestialla, voilà qui ne vient pas à l'appui de vos assurances, dit en riant le baron à son prisonnier.

— Bah! repartit dédaigneusement le Ligueur; une couleur ainsi portée n'est qu'une enseigne, et même je ne serais pas étonné que celle-ci fût un masque.

Bientôt le cavalier joignit le cortége, et il ne fut pas mieux jugé de près que de loin.

C'était bien le type d'aventurier le plus parfait qui se pût voir. Belle figure, haute en couleur, légèrement bourgeonnée, armée d'une paire de moustaches à croc et d'une longue pointe de barbe; un petit feutre à la nouvelle mode posé sur l'oreille, les habits de couleur éclatante, la trousse d'une ampleur ridicule, un riche pourpoint troué au coude, la rapière pendante et l'air fanfaron; rien ne manquait au personnage.

Se disant envoyé par le maréchal du côté de Kemperlé, il réclama jusqu'à Concarneau la protection du sieur de Lézonnet, offrant en retour l'appui de son épée, s'il en était besoin. Sa proposition fut acceptée sans peine, et le capitaine lui demanda seulement son nom.

Alors l'aventurier retroussa sa moustache et répondit avec assurance :

— Le chevalier Bayard de...

Mais ici sa voix expira sur ses lèvres, à l'aspect d'un vieil écuyer du baron...

Embrassant aussitôt du regard toute l'escorte, il aperçut, à cinquante pas en avant, la dame de Koatkatar, et son visage exprima le désappointement d'un homme qui se réveillait au milieu d'un guêpier. Il se remit toutefois le plus promptement possible, et assuré que l'écuyer ne le reconnaissait point :

— Je croyais avoir vu messire quelque part, dit-il ; mais il paraît que je me suis trompé.

Puis il reprit en regardant Lézonnet :

— Le chevalier César de... Lantagnac.

Le capitaine ne remarqua point qu'il avait substitué *César* à *Bayard*, et lui dit à haute voix :

— Que savez-vous de nouveau, monsieur le chevalier Bayard ?

— César, s'il vous plaît, interrompit l'aventurier, qui retint son cheval en bride pour rester à la queue du cortége.

Mais, pendant que César ou Bayard répondait aux questions des gentilshommes, une conversation plus intéressante avait lieu entre Aliénor et Lestialla.

Celui-ci s'était d'abord approché de la jeune fille en lui demandant des nouvelles de sa cousine ; puis tous deux avaient baissé la voix pour traiter un sujet plus mystérieux.

— Je vous avais défendu de venir, monsieur de Lestialla ; vous m'avez désobéi.

— J'ai obéi à votre père, dont je suis l'hôte et le prisonnier.

— Prisonnier volontaire. Le baron vous a rendu votre épée avec le droit de vous en servir, et vous savez que personne n'est plus libre que vous.

— Dites que personne n'est plus esclave!

— Et cependant vous vous révoltez contre mes ordres.

— Ordonnez-moi de mourir; mais n'allez pas vous-même à la mort.

— Je remplis la promesse et la volonté de mon père...

— Vous vous immolez, mademoiselle! Au reste, dites-moi que vous aimez messire Odet de La Noue, et je jure que vous ne me reverrez plus.

Aliénor ne répondit point.

Une larme vint gonfler ses paupières, et retomba lourdement sur son cœur...

Cependant sa main fit un geste imperceptible, comme si elle eût voulu retenir Lestialla... Puis, armant ses beaux yeux du regard le plus sévère qui fût en leur pouvoir :

— De quel droit, monsieur, demanda-t-elle au jeune homme, osez-vous m'interroger ainsi?

— Du droit que mon amour me donne de vous sauver ! repartit Lestialla avec une énergie qui la fit tressaillir. Puisque ce mariage ferait votre malheur, il est impossible ! Il n'aura pas lieu, mademoiselle... J'atteste Dieu et mon épée qu'il n'aura pas lieu !... Voilà pourquoi je suis ici malgré votre défense, et voilà pourquoi je ne veux pas d'une liberté qui m'éloignerait de vous.

Aliénor jeta sur le Ligueur un regard où se mêlaient la reconnaissance et l'effroi ; puis, levant ses grands yeux vers le ciel :

— O ma mère ! ma mère ! soupira-t-elle, pardonnez-moi ! ou inspirez-moi !...

Lestialla demeura quelque temps silencieux et pensif; mais son attention fut brusquement éveillée par un nom prononcé près de lui....

— Oui, ventre-de-loup, disait le chevalier César, tous les fléaux fondent sur la Cornouaille; M. le maréchal a été informé ce matin que Mor-Vaniel-le-Ligueur est dans ce pays avec des intentions terribles...

— Mor-Vaniel-le-Ligueur! répéta toute la troupe; cet intrépide chef des paroisses de Tréguier, qui a failli enlever Brest au capitaine Sourdéac, et qui n'a, dit-on, qu'à frapper le sol de Bretagne pour en faire sortir des bataillons?

—Lui-même, messires, poursuivit l'aventurier, et si vous étiez restés une heure de plus à Kemper, vous auriez pu comme moi transcrire ce beau placard, qui est affiché sur la grande porte de la cathédrale.

Tandis que César tirait de son écharpe et s'apprêtait à lire une feuille de papier dans laquelle étaient enveloppés les restes de son repas du matin, Lestialla, dont une rougeur imperceptible avait d'abord animé le visage, devint pâle comme un homme qui serait près d'entendre sa sentence de mort.

Heureusement, tout le monde écoutait si attentivement l'aventurier, que personne ne put remarquer ce trouble extraordinaire.

« Six cents écus au soleil, lisait le che-
« valier de Lantagnac, à quiconque livrera
« mort ou vif le brigand nommé Mor-Vaniel-
« le-Ligueur.

« Signalement du brigand, tel qu'il a été
« vu entre Blavet et Kemperlé, la semaine
« dernière : »

A ces mots, la pâleur de Lestialla cessa comme par enchantement, et il ne put s'empêcher de sourire en entendant le reste :

« Taille élancée, de cinq pieds sept pouces,
« figure animée, barbe rouge, cheveux tirant
« sur la même couleur... justaucorps... »

— Ah çà, messire, interrompit Lestialla, respirant tout à fait, savez-vous que Mor-Vaniel-le-Ligueur vous ressemble d'une étrange façon ?

— A moi, ventre-de-loup ! s'écria l'aventurier confus, votre seigneurie veut plaisanter ?...

Mais, rejetant un coup d'œil sur sa pancarte, il rit franchement de la justesse de l'observation.

Cependant Lestialla, qui ne songeait qu'à rejeter l'attention sur César, ne poussa pas plus loin l'attaque.

— Cette ressemblance n'est pas fondée sur la sympathie, poursuivit le soldat de fortune, sentant le besoin de se justifier, car je n'ai pas plutôt connu ce matin l'ordonnance du maréchal, que j'ai pris des informations en conséquence ; et un honnête mendiant qui lisait l'affiche à côté de moi m'ayant assuré que Mor-Vaniel voyageait souvent seul, je me suis mis en route pour...

Il s'interrompit et se mordit la lèvre, en regardant la plume rouge de Lestialla ; mais celui-ci, qui n'avait pas deviné sa pensée sans une nouvelle émotion, se chargea d'achever la confidence :

— Pour tâcher de gagner les six cents écus au soleil, dit-il. Si cela n'est pas d'un brave soldat, c'est du moins d'un bon Royaliste.

— Ma foi ! repartit l'aventurier, je n'ai plus de quoi nourrir mon cheval, et il faut que tout le monde vive.

— Voilà pourquoi vous voulez tuer Mor-Vaniel-le-Ligueur. Vous raisonnez vraiment comme un docteur de l'Université.

— Je ne suis pas de l'Université, messire ; permis à un Ligueur de défendre Mor-Vaniel !

— Mor-Vaniel n'a besoin de personne pour se défendre ; mais il fait la guerre comme la font ces gentilshommes, et je ne pense pas qu'ils le traitent, comme vous, de brigand.

— Brigand ou non, répliqua Liskoët, cet homme est un rebelle qui mérite la mort. Je ne le tuerais certes pas comme le chevalier Bayard....

— César, je vous prie.

— Mais s'il se trouvait jamais au bout de mon épée, je ne le recevrais point à merci.

Le baron eût fait moins de mal au seigneur de Lestialla, en lui plongeant son épée dans la poitrine.

— Vous m'avez pourtant épargné, dit-il... moi qui suis Ligueur comme Mor-Vaniel.

— Ligueur, oui ; comme Mor-Vaniel, non.

Sans parler de toutes vos générosités à mon égard, la guerre est votre état ainsi que le nôtre, et vous servez le parti qui vous convient. Mais Mor-Vaniel s'est fait le chef des manants contre tous les partis ; quoiqu'il soit au mieux, dit-on, avec le duc de Mercœur, il n'est positivement ni pour le Roi, ni pour la Ligue.

— Il est peut-être pour la Bretagne ! dit solennellement le jeune cavalier.

— Il est pour le pillage, comme tous ses pareils.

Cette conclusion paraissant être l'opinion générale, le seigneur de Lestialla sourit avec amertume, et se résigna au silence.

La troupe marcha quelque temps sans nouvelle rencontre, traversa les landes désertes de Kervo, laissa à droite le clocher à jour de Saint-Evarzek, trouva un pays plus fertile et plus varié, du Moustoir à Kerolan, et fit une halte sur la hauteur de Lok-Aman, à deux petites lieues de Concarneau.

Jamais voyageur ou pèlerin n'arrive à cet observatoire, un des plus élevés de la Cornouaille, sans promener son regard émerveillé dans la plaine.

Sur une étendue de quinze milles à la ronde, s'étend le tapis vert foncé des landes, jeté comme un manteau sur le dos lumineux des collines, pendant et déchiré dans l'abîme obscur des ravins, fleuri çà et là de bruyères roses, de genêts d'or et de sarrasin rouge ; divisé par le fil sinueux et argenté des ruisseaux qui descendent à la mer ; semé de petits bosquets de pins et de châtaigniers, de pauvres villages couchés à leur ombre, de tourelles gothiques surgissant du feuillage, de clochers de granit ou d'ardoise perdus dans le ciel, de moulins faisant tourner leurs ailes blanches, et de menhirs immobiles depuis trois mille ans.

Au levant, voici les flèches aiguës de Saint-Kado, de Melven et de la Trinité, la vieille cité de Rosporden, les ombrages du Bois-au-Duc; les manoirs de Kergoa, de Koat-Konk, de Minuellan et du Toulgoat. Au couchant, la nymphe de l'Odet fuit entre les arbres, laisse coquettement à gauche Clohars et Goüesnac'h, et se précipite, les bras ouverts, dans l'anse de Ben-Odet; au midi, c'est Fouesnan, ce paradis terrestre de la Cornouaille, où les filles d'Ève ont encore la grâce et la fragilité de leur mère, — Fouesnan épanoui comme un vert bouquet que la mer est tout orgueilleuse de porter au côté, et dont ses brises répandent dans la campagne les parfums, tandis que ses flots en ballottent les feuilles autour des récifs (1).

(1) Nous avons vu des anses de la baie de la Forêt, où les

Ce spectacle, d'ordinaire si admirable, était cruellement attristé, ce jour-là, par les ravages de la guerre.

Au nord, les deux Ergué (les arbres) pleuraient leurs bois verdoyants convertis en palissades ; du côté de la mer, ce n'était plus un seul manoir qui brûlait, c'étaient des bourgs entiers ensevelis sous leurs ruines fumantes ; des populations poursuivies par la famine, le *mal jaune* (1) et les loups, se réfugiant vers Kemper et remplissant les airs

---

arbres du rivage trempent leurs branches dans une eau calme et transparente, tandis que tout à côté la vague furieuse, qui vient des Glénans, bondit contre les arêtes de la Pointe du Gabelon. Ici, le pur miroir d'un lac de Suisse, réfléchissant un coin du ciel, où voltige la mouette blanche ; là, la face rugissante de l'Océan Atlantique, dévorant les vaisseaux de ses dents de granit, et secouant au loin sa crinière d'écume.

(1) Sorte de peste qui ravageait alors la basse Cornouaille, et dont on verra plus loin le désolant tableau, — de même que l'effroyable guerre livrée par les bandes de Loups à certains villages.

de clameurs lamentables; et de temps en temps des cris d'un autre genre, ou des décharges d'arquebuses, répétées par les échos, indiquaient la rencontre des bandes ennemies sur ce vaste champ de bataille.

— Voilà donc la Cornouaille, telle que la sainte Ligue nous l'a faite! s'écria le baron d'une voix sourde; heureux, ajouta-t-il en regardant vers Concarneau, si je ne trouve pas aussi ce soir mon château incendié!

— N'accusez point la Ligue des crimes de quelques brigands! repartit Lestialla; ces brigands passeront comme l'ouragan sur nos côtes, et, régénérée dans son propre sang, la Cornouaille relèvera ses châteaux et ses chaumières, en chantant ses vieux gwers nationaux.

— C'est ce que j'espère bien voir avant de mourir, quand l'armée du Roi aura dispersé les Espagnols, comme les Ligueurs.

— Et quand elle aura été dispersée elle-même par les Bretons, maîtres enfin de la terre de Bretagne !

Les voyageurs en étaient là, lorsqu'un paysan monté sur un bidet arriva tout effaré de Concarneau.

— Ne prenez pas cette route, monseigneur ! dit-il à Liskoët, les gens de La Fontenelle sont à une lieue derrière moi!...

Et il continua de galoper vers Kemper, comme un homme qui n'a pas une minute à perdre.

L'escorte fit un détour du côté de Rosporden ; mais elle rencontra deux autres paysans non moins alarmants que le premier.

— Retournez sur vos pas, messires ! dit l'un d'eux, les Ligueurs sont sortis hier de Kemperlé!... Deux cents hommes viennent d'entrer à Rosporden !... On dit que le duc de Mercœur s'avance à leur suite !...

— Cela est faux ! cela est impossible ! interrompit Lestialla, avec une assurance qui étonna les gentilshommes et interdit les porteurs de nouvelles.

En même temps, il voulut s'élancer sur eux ; mais frappant leurs chevaux du talon, ils disparurent dans un tourbillon de poussière.

— Voilà qui est suspect ! reprit Lestialla ; nous ferons bien, messieurs, de reprendre la grande route.

Cet avis fut celui du baron, mais Lézonnet s'y opposa fortement ; il prétendit avoir reconnu le premier paysan pour un homme qui méritait toute confiance.

— Prenons un terme moyen, ajouta-t-il avec sa prudence ordinaire, laissons la route de Concarneau et celle de Rosporden, pour suivre ce chemin de traverse, qui doit mener à Koat-Konk. Je voudrais seulement savoir s'il revient vers Beuzek... Mais c'est ce que nous demanderons à quelqu'un de sûr.

La troupe changea pour la troisième fois de direction, et celle-ci devint si difficile et si douteuse, que bientôt Lézonnet lui-même eut envie de reculer.

Il ne s'avait à qui s'adresser pour sortir d'embarras, quand le baron aperçut un grand garçon étendu près d'un échalier qu'il n'avait pu franchir, et paraissant jouir des douceurs du plus profond sommeil.

Un écuyer, qui le releva, s'assura qu'il était ivre mort; et celui-là du moins n'inspira de soupçons à personne. La difficulté fut de lui arracher quelques paroles; Lézonnet n'y parvint qu'à force de coups.

Enfin, le pauvre diable balbutia un *éeun hag éeun* (tout droit), en indiquant que la route allait à Beuzek, et il se mit à rire d'une joie stupide, quand l'écuyer, pour plus de sûreté, le prit en croupe sur son cheval.

Cette opération terminée, non sans peine, le cortége poursuivit sa marche pendant un quart d'heure...

Mais tout à coup, au moment où le chemin descendait entre deux taillis dont les arbres se croisaient en voûte, le chien de Lestialla s'arrête brusquement et aboie avec force. Le prétendu ivrogne, qui se dandinait derrière l'écuyer, se redresse en secouant sa longue chevelure, tire de son jupen un couteau dont il frappe son compagnon, le renverse au milieu des gentilshommes stupéfaits, prend vivement sa place sur les arçons, pousse le cri aigu d'un oiseau de proie, et disparaît ventre à terre...

Aussitôt le même cri, multiplié, se répète à droite et à gauche. Une centaine d'hommes couverts de toute espèce de costumes et d'armures, portant des épées, des poignards, des piques et quelques pièces de mousqueterie, se montrent, comme autant de spectres, sur les talus, entre les vieux chênes, à travers les broussailles, aux deux extrémités du chemin ; et, formant un réseau de fers et d'yeux étincelants tout autour de la troupe, la somment de se rendre à discrétion.

Chacun reconnaît les soldats de La Fontenelle ! Que dis-je ? Chacun reconnaît La Fontenelle lui-même, à sa taille colossale, au panache noir qui se balance sur son casque, à la richesse insolente de ses vêtements, et à l'énorme pistole, damasquinée d'or (1), dont il menace le baron !...

Une exclamation de terreur se fait enten-

---

(1) Il avait enlevé cette arme précieuse au sieur de Mésarnou, en même temps que son trésor, ses meubles et sa fille unique.

dre, et les plus résolus semblent hésiter...

Mais déjà Lestialla s'est redressé sur son cheval; il a embrassé d'un coup d'œil les périls de mort et les chances de salut. Cette douce figure d'adolescent devient sublime et terrible; ces blonds cheveux s'agitent comme une auréole enflammée; cette petite taille s'élève au-dessus de toutes les autres; le baron lui-même n'est plus qu'un soldat de ce nouveau capitaine.

— Entourez Aliénor! dit le Ligueur aux gentilshommes, qui lui obéissent instinctivement. Et maintenant à moi! sus à ces bandits! crie-t-il aux gens d'armes.

Ses deux éperons frappent à la fois les flancs de son cheval, son chien furieux s'élance en même temps que lui-même, sa longue épée tourne comme un éclair autour de sa tête, il fond avec l'impétuosité de la foudre sur les brigands étonnés.

Un tel exemple entraîne les gens d'armes ; et un combat acharné, corps à corps, à bout portant, un contre dix, s'engage entre les deux troupes.

Trois fois Lestialla refoule ses adversaires hors du chemin ; trois fois ceux-ci reviennent à la charge avec de nouvelles forces. Ces figures hideuses, ces piques sanglantes, ces mousquets rouillés semblent sortir de terre et se multiplier indéfiniment...

Enfin le désespoir décuple les coups des hommes d'armes ; ils jettent leurs lourds chevaux au travers de cette masse hérissée de fer ; quelques-uns tombent percés de blessures ; mais le reste, et Lestialla en tête, parvient à se frayer un passage...

Alors la supériorité du terrain est pour eux ; la troupe ennemie se disperse, et l'escorte n'a plus qu'à marcher !

Mais, au moment où le Ligueur court au-devant du baron, qu'aperçoit-il? Une mêlée plus effroyable que celle d'où il sort, et au milieu de laquelle Aliénor, pressée par cent bras menaçants, va tomber au pouvoir de La Fontenelle!

Qu'on se figure une gerbe compacte dont la faucille tranche le lien; ainsi s'ouvrent, sous l'épée de Lestialla, les rangs épais de ses ennemis.

Ce chien terrible, ou plutôt ce lion déchaîné qui leur saute à la gorge, ne les effraye pas moins que son maître. La plume rouge qui flotte sur la toque de celui-ci, et qui est leur propre couleur, complète leur surprise et leur épouvante. Ils croyaient attaquer des Huguenots et des Royalistes, et voilà qu'un Ligueur inconnu surgit pour les écraser!...

La moitié s'enfuient en faisant le signe de la croix, persuadés que le chevalier Saint-Georges est descendu du ciel; et tandis que

Lestialla tient tête aux plus déterminés soutenus par La Fontenelle en personne, le baron et sa fille, dégagés enfin, rejoignent au galop les gens d'armes.

— Sauvée! se dit alors le jeune homme, en respirant pour la première fois.

Mais, enveloppé par le reste des brigands, il s'agit maintenant de se sauver lui-même! Et cette vie qu'il prodiguait si témérairement tout à l'heure, voilà qu'il la défend avec la prudence d'un avare.

On dirait que, s'il perd de vue l'écharpe d'Aliénor, ses jours sont finis. L'œil fixé sur cette gaze flottante, qui semble l'appeler en s'éloignant, — son chien rugissant entre les jambes frémissantes de son coursier, — il cherche quelque temps le passage le plus sûr pour traverser le rempart qui l'arrête.

Encore une minute, et le cortége aura disparu à l'horizon, et, seul contre cinquante ennemis, Lestialla payera pour tout le monde... C'en est fait ! un détour de la route lui dérobe la jeune fille ; le pas des derniers chevaux retentit sur la lande... Plus d'espérance de salut ! Il faut se rendre ou mourir !

Le Ligueur mourra du moins en héros, car le désespoir a rallumé son ardeur. Il se jette au plus fort de la bande ennemie, en écrase une partie du poitrail ensanglanté de son cheval, écarte les autres de la roue fulminante que décrit son épée, gagne ainsi les derniers rangs, et s'élance dans la campagne...

Mais, à cinquante pas, une éminence trahit sa fuite ; une arquebuse le couche en joue ; la balle l'atteint à la tête : il tombe dans les broussailles, tandis que son cheval disparaît, et les bandits s'élancent en hurlant vers leur proie.

Heureusement, Lestialla a roulé jusqu'au

fond d'un ravin bordé d'épines. Avant que ses ennemis y puissent descendre, le baron s'est aperçu de son absence; il revient bride abattue, avec trente hommes déterminés, au secours de son libérateur ; et les brigands, renonçant à leur butin, se dispersent au fond du taillis.

Alors les gentilshommes appellent et cherchent en vain leur compagnon. Ils le croient tué ou enlevé par l'ennemi ; ils recueillent leurs blessés et leurs morts, et rejoignent tristement le cortége.

Cinq minutes après, à la nouvelle de la disparition du Ligueur, un cri étouffé retentissait sur la route, et Aliénor s'appuyait défaillante au bras de sa gouvernante...

L'écho de la lande porta-t-il ce cri jusqu'au cœur de Lestialla! Le fait est qu'à l'instant même il revint à la vie...

En se trouvant au fond de ce ravin, enseveli sous les ajoncs, il releva péniblement son front ensanglanté, vit son chien, blessé lui-même, qui lui léchait les mains, avec des larmes dans les yeux, entendit le pas retentissant des chevaux, qui emportaient son dernier espoir, et retomba épuisé en soupirant le nom d'Aliénor.

III

PART A DEUX.

Outre le seigneur de Lestialla, deux voyageurs manquaient à l'escorte du baron.

Le premier était maître Salomon Favenneck, qui avait eu le malheur de tomber entre les mains des brigands. Dès leur apparition, chose étrange ! maître Salomon s'était élancé contre eux, même avant le jeune Ligueur. Il est vrai qu'il avait commis cet exploit malgré lui, victime de la fougue de sa monture et de son impuissance à la modérer. Voyant que cette impuissance allait lui devenir fatale, Amice avait fait comme les naufragés dans un canot trop plein : d'un bras, elle avait jeté son chevalier par terre, de l'autre, elle s'était emparée de la bride, et elle avait bravement rejoint le cortége.

Cruelle récompense, sans doute, de toutes les tendresses bibliques du ministre! mais la gouvernante avait improvisé ce simple dilemme :

— Avec Salomon, nous sommes certainement perdus tous deux ; et sans lui, j'échapperai peut-être.

La fortune, qui est pour les belles comme pour les braves, s'était chargée du reste.

L'autre voyageur était le chevalier Bayard,

ou César de Lantagnac. Ce champion, qui avait si généreusement offert à Lézonnet le secours de sa rapière, n'avait pas plutôt aperçu les brigands, qu'il s'était enfui au triple galop.

Toute la bravoure de ce nouveau Bayard résidait dans ses moustaches et sur sa langue ; et son principe était de ne rien laisser au hasard de ce que peut lui ôter la prudence. Or, on a vu que la prudence lui conseillait depuis longtemps de quitter la compagnie du baron, notamment celle de la dame de Koatkatar ; l'attaque des bandits n'avait donc été pour lui que l'occasion déterminante, et il en avait profité avec une agilité merveilleuse.

Quand il eut galopé à peu près une demi-heure, Bayard demanda conseil à César, et tous deux furent d'avis de ralentir le pas. César pensa même qu'il n'y avait plus de danger à reprendre la route de Concarneau, et Bayard, en étant tombé d'accord, fit faire volte-face à son cheval.

Seulement, notre homme se rappela que tous les brigands dont on parlait dans le pays tenaient plutôt à la Ligue qu'au Roi dont il avait chanté les vertus, et retournant l'écharpe qui lui servait de garde-manger, tout comme il eut retourné un long sac, il se trouva couvert du rouge le plus ardent que jamais catholique eût porté depuis la Saint-Barthélemy.

— Voilà comme on fait son chemin dans le monde ! se dit le Gascon en exécutant cette métamorphose ; tout le talent des politiques consiste à retourner à propos leur écharpe.

Pendant que César faisait cette réflexion, il entendit une voix lamentable qui semblait sortir de terre à quelques pas.

Cette voix récitait le *De profundis* en bas-breton, accompagnant chaque verset d'un gémissement particulier, assez semblable à celui de la frésaie.

Après avoir plusieurs fois regardé autour de lui, sans rien apercevoir, l'aventurier vit enfin un horrible mendiant debout et immobile à l'angle d'un fossé.

Les vêtements de cet homme n'étaient qu'une guenille depuis les pieds jusqu'à la tête; ses cheveux, pliqués par mèches épaisses, s'échappaient d'une loque de toile jaune. Une barbe énorme, hérissée comme une coque de châtaigne, tombait sur sa poitrine velue. Les manches déchiquetées de son jupen et les lambeaux de ses guêtres laissaient voir ses bras et ses jambes dévorés d'ulcères; une profonde besace en toile à voile était suspendue à ses épaules, et un couteau d'un pied de long, à manche recourbé, se balançait en sautoir à sa ceinture de cuir.

Les deux mains appuyées sur le bout de son penn-baz, il tendait au voyageur son chapeau à larges bords dentelés de déchirures.

Outre ses infirmités apparentes, ses yeux, dont on ne voyait que le blanc, semblaient frappés de la cécité la plus complète. Cependant, il changea tout à coup de langage lorsque passa l'aventurier, comme s'il eût remarqué qu'il n'avait pas affaire à un Breton; et s'élevant du vieux dialecte de la Cornouaille au français le plus nouveau :

— Ayez pitié, monseigneur, du pauvre pèlerin, du pauvre mendiant, du pauvre infirme, du pauvre aveugle, du pauvre père de famille, qui priera le bon Dieu et la sainte Vierge pour votre âme !

— Prie plutôt pour mon corps ! répondit le

Gascon, en jetant à l'indigent un morceau de pain desséché, qu'il venait de tirer de son écharpe.

— Encore un politique, ajouta-t-il dédaigneusement ; mais celui-là ne semble pas près de faire fortune.

Et il allait passer son chemin, lorsque le mendiant s'approcha vivement de lui.

César fut surpris de voir un infirme si agile ; mais un certain geste qu'il remarqua changea sa surprise en méfiance.

Tout en roulant ses yeux sans prunelles, et en implorant quelques deniers, le drôle portait la main sur le manche de son grand couteau ; si bien que César le repoussa du pied en lui criant :

— Arrière !

La barbe du malheureux se détacha dans sa chute, ses yeux reprirent leur éclat par enchantement ; l'aventurier le reconnut, comme il en fut reconnu lui-même, et tous deux ne purent se regarder sans rire...

Le prétendu aveugle n'était autre que le mendiant interrogé le matin par César, devant la cathédrale de Kemper, où ils avaient lu ensemble l'ordonnance concernant Mor-Vaniel le Ligueur.

Les beaux esprits se rencontrent, comme on dit : nos deux honnêtes gens visaient absolument au même but !

L'aventurier sentit qu'il avait un concurrent dangereux, mais une explication les mit bientôt d'accord.

Luk-er-Moué (il déclina ainsi son nom), trompé par la ressemblance de César avec le signalement de Mor-Vaniel, s'excusa très-humblement de l'avoir confondu avec un pareil bandit ! Au reste, il déclara, non sans dédain, qu'il ne travaillait point pour le maréchal d'Aumont, personnage aussi impie que le Roi son maître, mais bien pour le seigneur don Juan d'Aquila, coronal des troupes de Sa Majesté Catholique, et l'un des plus fermes appuis de la Très-Sainte Union.

Le mendiant fit, en prononçant ces noms sacrés, un signe de croix fort curieux chez un homme qui allait tuer un Ligueur; aussi l'aventurier le considéra-t-il d'un air ironique, et lui demanda-t-il avec une emphase affectée :

— Monseigneur Luk-er-Moué tient donc pour la Sainte-Union ?

Le mendiant fut tenté de répondre gravement; mais un sourire involontaire effleura ses lèvres, et il dit en secouant ses guenilles :

— Je tiens pour les neuf cents écus que messire don Juan d'Aquila a eu la bonté de me promettre.

— Neuf cents écus! s'écria César (le maréchal n'avait promis que les deux tiers de cette somme); Ventre-de-loup! je suis volé de trois cents écus.

— Eh bien, reprit le mendiant, examinant l'équipage et les armes du Gascon, voulez-vous vous associer avec moi? Nous aurons double chance de réussir, nous serons payés par le Roi et par la Ligue, et vous toucherez cent cinquante livres de plus.

— A la bonne heure! dit l'aventurier, je vois que tu entends quelque chose à la politique; mais qu'apporteras-tu dans la société, manant?

— Premièrement, mon habit.

— Tu appelles cela un habit!

— Les mendiants sont les saints de la Bretagne, messire. Ces haillons me donnent accès partout, et nous serviront de bouclier.

— Bouclier à jour.

— On voit mieux au travers.

— Secondement?

— Secondement, mes prières pour le succès de notre entreprise. Je connais tous les saints du paradis, et ils ne m'ont encore rien refusé.

— Troisièmement?

— Troisièmement, des détails circonstanciés sur Mor-Vaniel, avec ce signalement, meilleur que celui du maréchal.

— Voyons!

— Quand nous serons alliés.

— Nous le sommes. Touche là! part à deux?

— Part à deux!

Le mendiant tendit à César un morceau de papier, sur lequel étaient tracées les lignes suivantes:

« Taille courte et trapue; figure pâle;
« barbe et cheveux noirs... »

— Tout le contraire du mien! s'écria le

Gascon. Auquel faut-il s'en rapporter? Il paraît que tu n'as pas grande confiance en celui-ci, puisque, sur ma ressemblance avec l'autre, tu allais me...

— Mesure de précaution, messire : je crois le mien plus sûr; mais je me règle sur les deux, de peur de manquer mon coup.

— Ventre-de-loup! est-ce à dire que tu comptes tuer tous ceux qui ont la barbe rouge ou les cheveux noirs?

— Ah! messire!... repartit le mendiant avec horreur. Mais, ajouta-t-il précieusement, il paraît que Mor-Vaniel court la paroisse de Concarneau.

— En vérité! Qui te l'a dit?

— Personne et tout le monde, car on ne l'avait jamais vu dans ce pays... Le bruit de cet homme est depuis quelques jours dans l'air, comme le bruit d'un orage qui s'approche. D'ailleurs, on dit en Tréguier qu'il est en tout lieu, comme Jean le Loup. On raconte qu'il a un cheval qui fait dix lieues à l'heure, et qu'il a déjà recruté des bandes considérables dans les environs.

— Malepeste! Dieu veuille que nous le rencontrions sans elles! dit bravement César. Mais, pour cela, il faut nous remettre en route... Je vois que tu es un infirme très-ingambe; tu suivras bien mon cheval au petit trot, n'est-il pas vrai?...

Luk-er-Moué en était très-capable, en effet, mais cela n'eût point fait son affaire.

— Suivre votre cheval? reprit-il fièrement. J'entendais qu'il serait commun dans notre association.

— Comment veux-tu que je reçoive en croupe un animal aussi dégoûtant et aussi déchiré que toi?

— Si ce n'est que cela qui vous répugne, on peut s'arranger, dit le mendiant.

Et, courant à un petit ruisseau qui passait à quelque distance, il fit disparaître ses plaies en un tour de main, et revint rajeuni de vingt ans.

Il ne lui restait plus que ses guenilles; mais c'était, comme il avait dit, son passeport et son bouclier!

L'aventurier n'eut plus d'objection à faire, et les deux compagnons chevauchèrent paisiblement.

— J'allais dîner quand je t'ai vu, dit César. Puisque tu es si bien avec tous les saints du paradis, tu devrais les prier de nous envoyer des provisions du ciel, comme aux ermites de la Thébaïde. En attendant, tu peux faire comme moi, si tu veux.

Il tendit à Luk une gousse d'ail pour en frotter le morceau de pain qu'il lui avait jeté. C'était tout ce qu'il pouvait lui offrir, avec un reste de méchant cidre.

— Bien obligé, messire, répondit le mendiant d'un air dédaigneux. C'est moi qui ferai les frais de notre festin, ajouta-t-il en ouvrant sa besace.

Il en tira, au grand étonnement et à la plus grande joie de César, un pain tendre, la moitié d'un lapereau, des crêpes de blé noir, et une gourde pleine de GUIN-ARDENT (vin brûlé).

— Ventre-de-loup! l'ami, tu es un pauvre bien riche!

— Eh, eh! chacun fait son état de son mieux, messire. Nous avons pour vivre les chansons et les prières, les infirmités et les plaies, les demandes en mariage et les repas de noces, la cueillette du louzou, le REUZ de mer (1) et tous les sortiléges, les fontaines

(1) Vent funeste aux navires, que les sorciers et les mendiants déchaînent ou répriment, en allant la nuit dans les cimetières gratter les os des morts au fond de leurs tombeaux.

salutaires et les pardons, les vœux et les pèlerinages pour les malades.

— Sans compter les coups de couteau pour le seigneur d'Aquila.

— Ceux-là seraient la bénédiction du ciel! soupira Luk avec componction. Mais, à propos de vœux, reprit-il, j'en ai deux à faire au pied de toutes les croix du grand chemin pour quelques riches chrétiens de Douarnenez.

En parlant ainsi, il sauta à terre, s'agenouilla devant une croix de granit qui marquait un détour de la route, et prononça d'une voix lamentable la prière de sainte Élisabeth :

« M'hou ped vam san Yahan, — De laquat lin-
« gien, costen, — Hac calon de lec'h, — Jac'h al er
« quetan guec'h. »

« O mère de saint Jean, je vous prie, remettez

« les os, les côtes et le cœur dans les places où ils
« étaient autrefois. »

Ensuite, se tournant du côté de la mer, et soufflant trois fois en croix, il récita la prière à saint Laurent pour les brûlures :

« San Lauran e donn ac e zestann, — Ac e yobic
« vihan — En entra Doué e zistanas, — Ouec'h éral
« éhue — Guant ur bodic loré. »

« Saint Laurent, qui brûlez et débrûlez, et toi,
« enfant que Dieu débrûla autrefois avec une feuille
« de laurier, je vous invoque aujourd'hui (1). »

Le mendiant allait se relever, mais il s'écria :

— Par saint Yves! j'allais oublier le vœu de monseigneur d'Aquila à saint Philibert

(1) Ces versions sont de M. Dufilhol (Kérardven), ancien recteur de l'université de Rennes, auteur du beau livre de *Guion-vac'h*. L'original appartient au dialecte de Vannes.

de Moëlan, pour la réussite de ses amours !

Il se mit à plat ventre sur le sol, et récita une nouvelle prière. Après quoi, il fit couler dans ses manches quelques gouttes d'eau tombée du ciel, et remonta en croupe derrière le chevalier.

A quelques centaines de pas plus loin, les deux cavaliers se trouvèrent à la hauteur du chemin de traverse où avait eu lieu l'attaque des bandits.

Encore ému de ce souvenir, le Gascon racontait à Luk qu'il avait abattu de sa main une douzaine d'assaillants, lorsqu'il vit s'élancer des talus un grand chien... qu'il reconnut pour celui de Lestialla.

L'animal était couvert de sang et de poussière ; il semblait guetter de l'œil un voyageur, et il arrêta de ses aboiements le cheval de l'aventurier.

Celui-ci voulut d'abord passer outre ; mais

la résistance du chien fut si opiniâtre, et ses démonstrations si éloquentes, que César comprit que son maître était là. Retenant sa monture en bride, il dit au mendiant d'aller voir, et Luk ne se le fit pas répéter.

— Ce seigneur est peut-être riche, pensa-t-il; les gens qu'on sauve valent quelquefois bien ceux qu'on tue.

Il suivit le chien, qui franchit le talus, traversa la lande, sauta un ruisseau, s'enfonça dans un taillis, et s'arrêta en gémissant près d'un tronc de chêne abattu.

Revenu à lui, Lestialla était sorti du ravin, s'était traîné à travers les broussailles, et était retombé à cet endroit, épuisé par ses efforts. Il venait cependant de se relever pour la seconde fois lorsque le mendiant l'aperçut.

Celui-ci, en visitant la tête ensanglantée du gentilhomme, s'aperçut que l'étourdissement avait été plus grave que la blessure. Amortie par le cuir épais de la toque, la balle avait heurté le crâne au-dessus de l'oreille, et effleuré la tempe sans l'entamer profondément.

Luk-er-Moué prodigua d'autant plus de soins à Lestialla, que la couleur portée par celui-ci lui fit espérer une meilleure récompense.

Quand ses mains habiles eurent étanché le sang et bandé la plaie, quand il eut fait boire au blessé quelques gouttes de vin de feu, le Ligueur fut en état de se remettre en marche, et il traversa le taillis avec son guide. Arrivé dans la lande, il s'appuya sur le bras du mendiant, et marcha jusqu'au bord du ruisseau. Mais là, quoiqu'il se sentît de plus en plus fort, il lui fut impossible de passer outre. Il resta au bord de l'eau, gardé par son chien, tandis que Luk allait chercher de l'aide ; et au bout d'un quart d'heure, le mendiant, prenant un détour, reparut avec César et son cheval.

En se voyant seul avec l'aventurier qui avait juré de tuer Mor-Vaniel, Lestialla fut d'autant plus surpris et plus inquiet, que, se rappelant le proverbe : « Qui se ressemble s'assemble, » il ne douta point que Luk et César ne fussent les deux compères.

Cependant il se remit aussi promptement que le permirent ses forces, et il dit en souriant au Gascon :

— Salut, messire chevalier ; je suis charmé que nous nous retrouvions confrères, après nous être quittés ennemis.

Il montrait, en parlant ainsi, l'écharpe rouge de l'aventurier, qui avait oublié de la retourner pour la seconde fois, et dont le visage devint de la même couleur.

Son amour-propre éprouva un échec plus désagréable encore, lorsque le Ligueur lui reprocha d'avoir pris la fuite au premier cri des brigands, devant le mendiant qu'il avait tant édifié du récit de ses prouesses. Mais Lestialla fit une diversion fort heureuse pour tous les deux, en promettant dix écus à chacun, s'ils voulaient le conduire jusqu'à Concarneau.

— Jusqu'où vous voudrez, monseigneur, repartit Luk avec empressement; M. le chevalier sera trop heureux de vous céder sa monture.

La courtoisie du Gascon ne serait peut-être pas allée si loin; mais il ne put démentir son compagnon, et tous deux se mirent au service de Lestialla.

Luk-er-Moué présenta l'étrier et l'appui de son épaule, tandis que César tenait le cheval par la bride; et, installé sur une bonne selle, entre ces deux gardes à pied, le Ligueur s'achemina tranquillement sur la grande route de Konk, — non sans se comparer au Christ entre les deux larrons...

Son chien, qui avait suivi toutes ces opérations d'un œil attentif et sévère, reprit sa joyeuse activité, sur un signe de son maître. Il se mit à sauter autour de lui en poussant de petits cris de joie, et en cherchant à lécher ses mains sanglantes ; puis il en fit autant près des voyageurs, comme pour leur témoigner sa reconnaissance.

Alors Lestialla ne put s'empêcher de sourire, tandis que Luk et César rendaient à l'animal ses caresses. Lui-même fut obligé de refuser le tribut que le mendiant lui offrit sur sa besace, avec la générosité la plus divertissante ; et, considérant avec ironie ces deux ennemis de Mor-Vaniel, qui le menaient en triomphe pour vingt écus :

— Pauvres scélérats! se dit-il intérieurement, s'ils savaient que c'est Mor-Vaniel en personne qui est à leur merci, et qu'une bonne estocade leur rapporterait à chacun deux mille livres!... Mais, puisque la Providence veille ainsi sur moi, ajouta-t-il en levant les yeux au ciel avec confiance, c'est qu'elle ne veut pas perdre la Bretagne, c'est qu'elle doit sauver Aliénor!...

IV

LE SAUMON QUI DANSE.

Lorsque Mor-Vaniel (puisque tel était le vrai nom de Lestialla) arriva en vue de Concarneau, une heure après midi sonnait à la nouvelle horloge de la forteresse (1).

---

(1) « Lézonnet, se retirant du siége de Pont, fit descendre

A ce moment, la conversation des trois voyageurs venait de retomber sur le célèbre chef Trégorrois; et voyant les erreurs les plus diverses se multiplier sur son compte, Lestialla avait retrouvé toute sa sécurité.

— Ventre-de-loup! s'écria l'aventurier dans un moment d'abandon, les batteurs d'estrade comme Mor-Vaniel finiront sur la roue; mais, en attendant, ils mènent une superbe vie! Enrichis aux dépens de chacun, partout les maîtres, toujours suivis d'une armée de braves, prenant aujourd'hui un château, demain une ville, — les meilleurs vins, les bourses les plus rondes et les plus belles femmes sont pour eux!

« l'horloge qui était au château, et la fit transporter à Concar-
« neau, où elle est tout depuis, qui est la meilleure de Bretagne.
« Depuis l'on dit : « On ouit de Concarneau sonner l'horloge de
« Pont, encore qu'elle soit petite, » mais si elle n'y était pas,
« elle n'y serait pas ouïe! » (CHANOINE MOREAU, *Histoire des guerres de la Ligue en Bretagne*, chap. III, pag. 58.)

— C'est-à-dire, demanda le gentilhomme en riant, que si vous n'étiez pas le chevalier César de Lantagnac?...

— Je voudrais être Mor-Vaniel le Ligueur, j'en conviens! repartit le Gascon, posant une main sur la garde de son épée.

Cette fanfaronnade fut une inspiration pour Lestialla, qui reprit en toisant le drôle d'un air ironique :

— Voilà une véritable vocation, messire chevalier! Encore un peu de patience, et vous connaîtrez peut-être les douceurs d'une si belle vie. Mais nous voici aux portes de Concarneau.

« Concarneau, dit le chroniqueur contem-
« porain de cette histoire, soit qu'on l'ap-
« pelle ville ou château seulement, c'est de
« quoi je ne m'embarrasse guère, est situé
« dans la paroisse de Beuzek-Konk, en une
« forte assiette, étant sur un roc peu élevé,

« tout environné de marécage et de mer, à
« l'exception du côté de la principale porte,
« qui est vers l'occident, où il y a un bon
« retranchement et double muraille, avec
« deux grosses tours, une devers la mer et
« l'autre vers la terre, ayant quarante pieds
« d'épaisseur (de diamètre), et bien flan-
« quées et garnies de canons. La mer est
« presque toujours à l'entour, excepté aux
« fossés de ladite porte, quand elle est basse ;
« mais sitôt que son flux commence, il y a
« de l'eau, qui fait qu'elle est fort aisée à
« garder.

« Située en un pays uni et découvert,
« sans faubourgs ni maisons que bien éloi-
« gnées, ladite place est de forme ovale,
« ayant environ quatre cents pas de long, et
« cent ou six-vingts de large (1). Il n'y a

(1) Nous avons visité récemment Concarneau, qui, enfermé

« qu'une rue bien bordée de maisons, où
« demeurent nombre d'habitants riches, par
« rapport à leur commerce (de sardines) sur
« la mer; c'est pourquoi elle est aussi appe-
« lée ville. Il y a trois portes. La maîtresse
« est celle que l'on ouvre d'ordinaire, dont
« nous avons parlé ci-dessus. L'autre, à l'op-
« posite, descend au passage d'un bras de mer
« joignant la muraille du bout vers l'orient
« pour s'étendre au delà des marais du côté
« du nord. La troisième est aussi du côté du
« nord, nommée la Porte-au-Vin, d'autant
« que les barques y viennent décharger,
« non-seulement le vin, mais toutes sortes
« de marchandises.

dans les mêmes murailles qu'autrefois, n'a pu prendre de déve-
loppements qu'au dehors, et nous déclarons que les pas du chroniqueur étaient des pas de géant, s'il n'en faisait que quatre
cents pour traverser la ville. Nous n'avons pas besoin d'ajouter
que sa description est d'ailleurs de la plus parfaite exactitude.

« Concarneau est ceint de bonnes et larges
« murailles de pierres de taille. Il y a cent
« cinquante ans, ce n'était (outre les fortifi-
« cations) qu'un village, ou peu de chose
« davantage, habité de pêcheurs et de ma-
« telots.

« Il y a eu souvent des entreprises dessus,
« dont les unes ont réussi, les autres non. »

En 1373, le connétable Du Guesclin s'en empara ; la garnison fut passée au fil de l'épée. En 1489, le vicomte de Rohan assiégea Concarneau qui ne tarda pas à capituler.

« Anne, duchesse de Bretagne, qui fut en-
« suite reine de France, ayant considéré la
« belle assiette de cette place, ordonna
« qu'elle fût rendue en l'état que nous la
« voyons à présent, et y établit une perpé-
« tuelle garnison à morte-paye, entretenue
« tant en guerre qu'en paix ; et sert aujour-
« d'hui de boulevard sans aucun besoin,

« d'autant que le havre n'y est guère sûr, et
« il y a beaucoup de danger pour en ap-
« procher, la rade et les avenues étant
« pleines de rochers à fleur d'eau, et la mer
« fort basse ; les vaisseaux de moyenne gran-
« deur y courent fortune, s'ils ne sont con-
« duits par de bons pilotes (1). Bref, c'est
« une bonne forteresse pour la ruine du pays,
« et inventée cependant pour son bien ; une
« retraite à voleurs, gens de corde, — comme
« il se voit par expérience que si quelqu'un
« a assassiné son voisin, ou fait quelque vol,
« ou ravi fille ou femme, Concarneau est son
« refuge. »

On voit que le chanoine Moreau, qui parle

---

(1) Depuis l'époque où vivait l'historien, de nombreux travaux ont amélioré cette rade. En 1806, le vaisseau de ligne *le Vétéran*, portant Jérôme Bonaparte poursuivi par les Anglais, se réfugia sous les batteries de Concarneau, et resta mouillé près des remparts jusqu'à la disparition de l'ennemi.

ainsi, ne flattait pas Concarneau. Mais il faut savoir que le digne homme était conseiller au présidial de Kemper, et qu'en offrant un asile aux criminels Konk lui dérobait une partie de son bien. Du reste, il ne peut s'empêcher de convenir, tout en le regrettant, que, « cette forteresse était de grande consé- « quence au pays ; que, pour y faire plus de « mal que de bien, soit en paix, soit en « guerre, elle pouvait loger une grosse gar- « nison, toujours en état de contrecarrer la « ville de Kemper, de ranger la contrée à sa « dévotion, ou de la ruiner à son aise. » En un mot, Concarneau était une des plus fortes places de la Bretagne, et qui tenait Concarneau tenait toute la basse Cornouaille.

Mor-Vaniel le Ligueur savait certes tout cela mieux que personne ; car ce cavalier qui menait de front la guerre et l'amour, ce jeune homme affaibli par la perte de son sang, ce proscrit entouré de deux assassins, ne méditait rien moins que la prise de Concarneau !

Quand nos voyageurs s'arrêtèrent devant la citadelle, le grand bruit et le grand mouvement qui s'y faisaient formaient la plus étrange opposition avec les tableaux et les aventures de la route.

Pêcheurs et commerçants avant tout, protégés d'ailleurs par leur forteresse, les Konkernois souffraient peu de la guerre civile, et n'interrompaient guère leurs travaux ni leurs fêtes...

Ainsi les chasse-marées, les chaloupes et les barques allaient et venaient dans le port et dans la rade; sur les chemins, les gentilshommes du pays, ou les gens qui les représentaient, se rendaient par compagnies à la montre de l'arrière-ban; les tambours, les fifres et les trompettes de la garnison retentissaient dans l'intérieur de la citadelle; et tous les habitants étaient groupés en face du pont-levis, s'entretenant des nouvelles qui venaient d'arriver sur la place.

Trois choses surtout excitaient l'attention et les conjectures de chacun : l'attaque par une bande de La Fontenelle de l'escorte du baron de Rustéfan, qui venait de traverser l'île, se dirigeant vers Pont-Aven; l'approche redoutable de Mor-Vaniel le Ligueur, sur lequel les versions se succédaient en variant à l'infini; enfin l'approche plus redoutable encore du duc de Mercœur, que les uns disaient à quinze lieues, les autres à dix, ceux-là à cinq, quelques-uns aux portes mêmes de Konk.

Cette dernière supposition était accueillie par le sourire dédaigneux des soldats royaux; mais elle trouvait plus de faveur auprès des habitants, la plupart Ligueurs dans l'âme, malgré la conversion de leur gouverneur.

Au milieu de ce concours de gentilshommes et de manants, de soldats et de villageois, on voyait circuler une multitude de pêcheurs, venus de tous les points de la baie, avec leurs chaloupes, pour la cérémonie de Notre-Dame-de-l'Armor.

On nommait ainsi la bénédiction des Coureaux (bras de mer), qui avait lieu la veille de la Nativité de la Vierge, pour appeler la protection de la sainte patronne sur les pêches de septembre.

En attendant la marée, les pêcheurs devaient remplir un vœu général à la chapelle de la Sainte-Croix, située sur le rivage occidental de Concarneau. Aussi les reconnaissait-on à leur costume du dimanche : le bragow-braz serré sur les reins, le jupen à basques, orné d'énormes boutonnières, les bas à fourchettes brodées, les souliers bouclés d'argent, et le chapeau rond à larges bords.

Un observateur indiscret les eût encore mieux reconnus peut-être à leurs mines sombres et réfléchies, à leurs signes d'intelligence et à leurs chuchotements mystérieux, qui contrastaient singulièrement avec leur extérieur, et leur donnaient l'air de conspirateurs en habits de fête.

A cette époque, le faubourg qui s'est formé à l'ouest de Konk n'existait pas encore, et le chemin de Kemper aboutissait à une plage aride, semée à peine de quelques pauvres maisons.

La plus importante de ces maisons, posée comme en vedette au bord de la route, était l'auberge du *Saumon qui danse,* reconnaissable au pittoresque tableau de son enseigne. Là maître Er-Govik, doyen des pêcheurs du pays, tenait table ouverte et lit dressé pour les principaux mariniers de la baie, et pour les voyageurs qui ne recevaient point l'hospitalité dans la place.

C'est là que Lestialla se fit conduire par ses deux guides, après leur avoir donné la récompense promise.

En entrant dans une ville occupée par les troupes royales, César n'oublia pas, cette fois, de retourner son écharpe du rouge au blanc; et, impatient de liquider une partie de sa nouvelle fortune, il suivit le Ligueur avec le mendiant jusque dans la salle basse de l'auberge.

Il remarqua toutefois la grimace de l'hôte à la vue de son éclatante livrée, et le vin qui lui fut servi lui parut en rapport avec cette grimace.

C'est que maître Er-Govik était un de ces francs Bretons qui ne plaisantaient pas sur la religion du pays! Il traitait d'hérétique quiconque n'avait pas juré la Sainte-Union, divisant son office et sa cave en deux portions distinctes : aux Ligueurs le cidre doux, les sardines fraîches et le sourire d'ami ; aux Royaux la piquette, le poisson de la veille et le mauvais visage.

— Ventre-de-loup! se dit César en vidant son verre entre ses jambes, mon écharpe me porte malheur depuis ce matin.

Et montrant la doublure rouge au vieux pêcheur, il lui demanda à demi-voix de le traiter plus convenablement ; d'ailleurs, la recommandation d'un mendiant aussi déguenillé que son compagnon était irrésistible dans tous les cabarets de la Cornouaille. Er-Govik mit donc sur la table une autre cruche en disant :

— *Doué ho pénigo* (Dieu vous bénisse) ; je vois que vous êtes des nôtres.

César fut trop frappé de la supériorité de la nouvelle boisson pour deviner le sens de ces paroles; il s'attabla sans vergogne en face de son compagnon, et tous deux se mirent à boire au succès de leur entreprise.

Cependant l'entrée de Lestialla dans l'auberge avait produit une sensation générale. Tous les convives, mariniers pour la plupart, s'étaient levés à son aspect, et un chuchotement joyeux avait circulé dans la salle. Les mots : Le voilà! le voilà! passaient de bouche en bouche, et la figure de l'hôte était la plus radieuse de toutes.

Mais cette joie se convertit en inquiétude, quand chacun remarqua la pâleur du jeune homme, la faiblesse de ses mouvements, et l'appareil encore sanglant de sa blessure.

Certain vieillard surtout ne put retenir un cri d'effroi, et quitta tout tremblant la place qu'il occupait dans l'âtre.

Ce vieillard semblait être le plus pauvre mais non pas le moins important de la compagnie. Il culbuta, en s'élançant, un garçon blême, malingre et déguenillé, qui était accroupi comme un chien à sa droite.

— Ote-toi donc de là, Piarik ! murmura-t-il d'une voix aigre.

Et Mor-Vaniel, pressant la main calleuse qui n'osait toucher la sienne :

— Démad-d'hoc'h (bonjour), Pillaouer, dit-il. Calmez-vous, mon père, ajouta-t-il, cette blessure n'est rien.

Toutefois Merlin fit signe à Er-Govik de conduire Monseigneur dans l'unique chambre du premier étage, et lui-même l'y suivit avec le seul homme qui portât l'épée dans la salle.

Avant de saisir la corde de l'escalier, Mor-Vaniel se retourna vers l'hôte, lui désigna Luk et César, et lui dit à l'oreille :

— Ayez l'œil sur ces deux marauds; il ne faut pas qu'ils sortent d'ici.

— Vraiment, messire? je m'en doutais... Mais soyez tranquille, ils seront bientôt sous la table.

— Eh bien, mon jeune chapelain, et mon vieux trésorier, dit le Ligueur, quand tous trois furent enfermés ensemble, vous voyez que je ne suis pas mort.

— Je vois qu'il s'en est peu fallu, monseigneur, répondit Merlin en visitant la blessure; Sainte Marie! quel est le bourreau qui vous a pansé de la sorte?

— Un assassin ne pouvait guère mieux faire, dit Mor-Vaniel.

Et il raconta en peu de mots son aventure, dont le dernier chapitre divertit fort ses auditeurs.

Cependant Tanguy de Tré-Maria (c'était le nom du personnage que le Ligueur appelait son chapelain) voulait s'assurer immédiatement de Luk et de César.

Il faut dire que Tré-Maria était un de ces prêtres exaltés, si communs alors, qui joignaient le glaive sacré à la parole apostolique, et remplissaient pieusement, dans la guerre sainte, l'emploi d'anges exterminateurs.

Celui-ci pouvait avoir trente-deux ans. Ses manières et son costume exprimaient à merveille sa double mission. Quand il ôtait son chaperon de dessus sa tête, on apercevait une large tonsure. Sa figure replète et rubiconde indiquait tour à tour la colère et la mysticité. Une énorme épée pendait le long de ses bas de soie jusqu'à ses souliers bouclés d'argent ; et toute sa personne était couverte de croix et de pistolets, de rosaires et de poignards, sans compter un saint-sacrement gravé en noir sur le devant de son corselet de fer.

Cet homme aurait dû s'appeler, non pas le chapelain, mais le lieutenant de Mor-Vaniel, car il en accomplissait réellement les fonctions, en secondant partout le Ligueur de sa grande influence sur les paysans, quand il ne le secondait pas de son épée sur les champs de bataille.

Tré-Maria voulait donc, suivant son usage, faire justice immédiate des deux aventuriers, lorsque Mor-Vaniel le retint en disant :

— Ils peuvent nous être utiles, et n'en seront que mieux punis. Parlons de choses plus graves.

Et, tandis que Merlin courait chercher un nouvel appareil pour sa blessure, resté seul avec Tré-Maria il lui adressa les questions suivantes :

— A quelle heure a passé l'escorte du baron de Rustéfan ?

— A midi, au coup de l'angelus ; il ne s'est arrêté qu'un quart d'heure au château, et a poursuivi sa route sous la garde de Dieu, avec les chevau-légers de la garnison; que le ciel pardonne à ces hérétiques!

— Vous avez vu de vos yeux le baron et sa fille; ils ne semblaient point avoir de blessure?

— Aucune, avec la miséricorde du Seigneur; le châtelain était seulement très-agité, la demoiselle très-pâle et très-abattue. Il est à croire qu'ils arriveront sains et saufs à Pont-Aven : puisse cette faveur d'en haut éclairer leurs cœurs endurcis ! Ainsi soit-il!

— Pauvre Aliénor! soupira Mor-Vaniel, j'irai bientôt lui montrer que son défenseur existe toujours!

Il reprit après une pause :

— Le trompette du duc de Mercœur est-il revenu ?

— Par eau, sur une de nos chaloupes avec la grâce de Dieu. Le vent, que la Providence fixe au sud-ouest, permet d'aller à la rivière de Kemperlé et d'en revenir en quelques heures, sous l'invocation de l'étoile des mers.

« Le trompette m'a dit que les troupes de Monseigneur avaient été attaquées, vers Blavet, par deux mille huguenots du marquis d'Assérac. Le bon Dieu a fait à Monseigneur la grâce d'envoyer les trois quarts de ces hérétiques aux flammes de l'enfer! Les habitants de Blavet, sans distinction d'âge ni de sexe, ont été passés au fil de l'épée par les Espagnols,... ce dont je loue et bénis le Seigneur de tout mon... »

— Le message du duc! interrompit Mor-Vaniel.

— Le voici, messire, avec la croix de la Très-Sainte Union.

Le Ligueur brisa le cachet, et déchiffra la lettre suivante. Déchiffra est le mot, car la lettre était écrite en chiffres arabes.

« Nous sommes à l'embouchure de l'Ellé
« avec quinze cents Bretons. Don Juan d'A-
« quila vient de nous amener de Krozon
« cinq galères, portant deux régiments es-
« pagnols. Nous mettrons à la voile demain
« soir pour Concarneau. Si le sieur de Lé-
« zonnet a VENDU ou RENDU la place, vous
« nous le ferez savoir en envoyant au-devant
« de nous vos chaloupes illuminées ; si, con-
« tre notre attente, nous n'apercevons point
« ce signal dans la nuit, nous ferons relâche
« à Saint-Philibert, où vous viendrez nous
« rejoindre. »

— Oh ! c'est vous qui viendrez, monseigneur ! s'écria Mor-Vanjel, et j'aurai sauvé la Bretagne par ce coup décisif ! — Toujours l'écriture de la duchesse !... ajouta-t-il à demi-voix, en rejetant les yeux sur la lettre ; et encore un post-scriptum qui me regarde...

« Vous connaissez nos sentiments pour

« vous; soyez digne de la destinée que nous
« vous réservons. »

— Femme magnanime! dit le Ligueur avec un soupir, et à laquelle il manque une seule chose : d'être aimée comme Aliénor !

Il fit une nouvelle pause et demanda à Tanguy :

— Où sont nos chaloupes ?

— Toutes à leur poste, bénites par mes mains, et mouillées au cap Bélou, en vue de la Croix du Salut.

— Combien y en a-t-il?

— Trois cent cinquante, en comptant celles des îles. Chacune porte ses trois hommes, sous la garde de son saint patron, avec des armes à fond de cale et une échelle entre deux eaux. La marée sera haute à trois heures, s'il plaît au bon Dieu, et la bénédiction des Coureaux s'ouvrira quelques instants après.

— Justement l'heure de la montre, dit le

Ligueur; c'est à merveille. — A propos, combien est-il venu de gentilshommes à l'arrière-ban?

— Tout au plus vingt-cinq; le reste est représenté par une foule d'écuyers, de laquais, de garçons de ferme, et autre valetaille, qu'avec la grâce de Dieu nous hacherons comme chair à pâté.

— Combien Lezonnet a-t-il cédé de chevau-légers au baron?

— Une centaine. Il n'en reste pas deux cents dans la place, avec soixante gens d'armes, et trois cents arquebusiers et piquiers; total : cinq cent soixante hommes. Puissions-nous les tailler en pièces, à la gloire et honneur du Très-Haut, maître de toutes les victoires! Ainsi soit-il.

— Nos intelligences sont-elles sûres dans l'intérieur de la ville?

— Sûres comme nous-mêmes; garanties

par serment sur les cinq plaies du Christ et les quatre clous de la croix.

— Et nos bandes de paysans sont prêtes à paraître au premier signal?

— Au deuxième son de la cloche de la Sainte-Croix, deux cents villageois des trèves de Beuzek s'élanceront des rochers du Chenal et des clos de la Forêt.

— C'est bien, dit Mor-Vaniel. Nous avons l'infériorité des armes, mais nous aurons l'avantage du nombre et du courage.

Il posa une main sur ses yeux, et réfléchit quelques minutes.

Le Pillaouer venait de rentrer, et pansait sa blessure avec une dextérité merveilleuse.

Le Ligueur poursuivit devant le vieillard, sans aucune méfiance :

— Tous nos pêcheurs, messire, vont se rendre à la chapelle de la Sainte-Croix, comme il a été convenu. Là, vous leur communiquerez les mots d'ordre, les signaux et les instructions nécessaires. Quand le sieur de Lézonnet sera sorti du château pour passer la montre, et que toutes les chaloupes seront arrivées pour la bénédiction, la cloche de la chapelle avertira les pêcheurs dans la baie, nos amis dans la citadelle, et les paysans dans leur embuscade. Tandis que les pêcheurs et les habitants attaqueront le dedans et le dehors, je donnerai l'alerte avec les paysans à Lézonnet et à l'arrière-ban, que je tiendrai en échec ou que j'entraînerai sur la plage, assez longtemps et assez loin pour que vous puissiez occuper les tours et relever le pont-levis. Je me replierai sur la côte de l'ouest aussitôt que Lézonnet retournera au secours de la place; je me jetterai dans quelques chaloupes que vous m'aurez laissées pour vous rejoindre par la Porte-au-Vin...

— Et une fois maîtres de la ville, nous

exterminerons, avec l'aide du bon Dieu, tous les soldats et habitants qui...

— Nous n'exterminerons personne! dit Mor-Vaniel. Vous recevrez les prisonniers à merci, et vous attendrez mes ordres...

— Ainsi soit-il, messire, dit Tré-Maria en soupirant et en s'inclinant avec respect.

Il fit une invocation solennelle à Notre-Dame de l'Armor, puis il sortit, après avoir échangé un dernier mot avec son chef; et Merlin descendit derrière lui pour commander le repas de Mor-Vaniel.

Ce repas se composa d'une volaille rôtie à la hâte, à laquelle le Ligueur ne toucha que du bout des lèvres; après quoi, le Pillaouer, le trouvant agité, lui donna un breuvage qui l'assoupit doucement.

— Soyez tranquille, monseigneur, lui dit-il en le voyant combattre ce sommeil. Deux heures de repos vous rendront toutes vos forces. Je serai là pour vous avertir à temps; et vous trouverez à votre réveil un cheval sellé à la porte de l'auberge.

— Bon Pillaouer! murmura le jeune homme, qui pressa la main du vieillard; quand pourrai-je vous récompenser de tant de dévouement?

— Dieu et Martha m'en récompenseront au ciel! répondit Merlin, quand je serai mort, et quand vous serez...

— Chut! dit Mor-Vaniel en approchant un doigt de ses lèvres et en s'étendant tout habillé sur le lit.

Le Pillaouer lui glissa mollement l'oreiller sous la tête, le couvrit et l'enveloppa, comme eût fait une mère couchant son fils; puis il masqua le jour trop vif de la fenêtre, alla fermer la porte de la chambre, et s'assit sur une escabelle auprès du chevet.

Le chien du Ligueur, qui l'avait regardé

faire, vint alors poser sa tête sur les genoux du vieillard ; et ces deux gardiens demeurèrent immobiles et silencieux, les yeux fixés sur le front de leur maître.

Bientôt le feu de la fièvre s'éteignit dans les veines du jeune homme ; un calme souriant reparut sur sa douce figure ; un rêve magnifique et charmant sembla bercer son sommeil ; et sa respiration, que le Pillaouer écoutait attentivement, ne fut plus troublée que par quelques rares soupirs...

V

NOTRE-DAME DE L'ARMOR.

Pendant que Mor-Vaniel se livrait au repos, tous les mariniers de la baie quittèrent les auberges de Konk, et s'acheminèrent en dévots pèlerins vers la chapelle de la Sainte-Croix.

Déjà les prêtres des paroisses environnantes, réunis pour la bénédiction des Coureaux, s'y étaient rendus processionnellement, revêtus de leurs insignes sacrés, précédés de leurs bannières et de la statue de Notre-Dame de l'Armor.

Une partie de la population les avait accompagnés le chapelet à la main; l'autre était restée près de la citadelle pour voir la montre de messire de Lézonnet.

A deux heures et demie, l'arrière-ban se trouva au complet devant la grande porte de la place.

L'arrière-ban! cette chose si terrible au moyen âge, commençait à devenir la chose la plus comique du monde. « La noblesse, appauvrie par les guerres civiles, avait vendu la moitié des fiefs, et vendait tous les jours encore ceux qui lui restaient. Les bourgeois, par vanité, par désir d'allonger leur nom, donnaient la préférence à ce genre de propriété(1). » Mais quand les nouveaux seigneurs s'étaient bien mirés dans leurs armoiries, la trompette de l'arrière-ban retournait tout à coup la médaille. Un fief fournissait un homme d'armes, un autre deux archers, un autre la moitié d'un. Après avoir revêtu les titres des nobles, il fallait revêtir aussi leurs armures, et marcher à l'ordre des commissaires du ban.

Tel était le mauvais tour que le maréchal d'Aumont venait de jouer, de par le Roi, à tous les bourgeois enrichis et à tous les gentilshommes ruinés des trêves de Beuzek et de Nizon.

Aussi, quand leur double compagnie défila à pied et à cheval sur la plage, les malicieux habitants de Concarneau les accueillirent d'un éclat de rire universel.

---

(1) Monteil, *Histoire des Français des divers États* (XVIe siècle).

Les femmes surtout, les femmes si amoureuses des beaux soldats et des belles armures, firent pleuvoir les brocards sur les indignes représentants de la basse Cornouaille.

— Jésus-Dieu ! voilà le chevalier de Kenkaënik, avec le casque, l'épée et la lance que son quatris aïeul portait en terre sainte.

— Par Notre-Dame ! le cheval du sire n'est-il point de la même époque, ma commère ?

— C'est que monsieur le chevalier est un des humbles vassaux de Merlin le Pillaouer ; il ne lui reste plus de quoi payer un manant pour figurer ici à sa place.

— Ah ! ah ! salut à monsieur le mercier Guennaü, aujourd'hui sieur de Kermoros ; il a eu beau faire l'aveugle, le sourd et le malade, il a fallu prendre l'épée à la place de l'aiguille, et monter un cheval de bataille. Hola ! ho ! tenez votre rosse en bride, messire, car la trompette lui fait dresser les oreilles.

— Par saint Yves, maître Pucik, quel gentilhomme sans vergogne et sans argent vous a loué dix sous par jour, pour venir montrer aux honnêtes gens que vous êtes bossu par devant et par derrière?

Ainsi de suite jusqu'au dernier champion, car le peuple passait la revue avant le gouverneur, et personne ne méritait d'être épargné par la médisance.

Ici, c'était un nain perché sur un cheval géant; là, un géant à pied sur un cheval nain; là, un marchand de Concarneau que son morion coiffait jusqu'au nez; à droite un justaucorps rouge, à gauche un jupen blanc; entre les deux, un assortiment des couleurs de l'arc-en-ciel; ailleurs, une arbalète accrochée dans une arquebuse; plus loin une fronde à côté d'une pistole; partout les bigarrures les plus plaisantes, les mélanges les plus prodigieux, les contrastes les plus inouïs.

La troupe de Tré-Konk, armée de gaules en guise de piques, était conduite par un juge en robe longue et en bonnet carré; lequel, de ce qu'un de ses soldats portait une moitié de casque, s'autorisait à les appeler : braves salades !

Un vieux chevalier, chasseur de renards, commandait le contingent de Lanriek, qu'il faisait manœuvrer comme une meute avec des jurons et des termes de vénerie.

Mais de ridicule qu'elle était, la compagnie devint tout à fait grotesque, au moment où Lézonnet parut avec ses trois détachements de chevau-légers, d'arquebusiers et d'hommes d'armes.

A côté de l'éclat de cette troupe, de la précision de sa marche, et du son retentissant de ses tambours, ce fut plaisir de voir et d'entendre les soldats de l'arrière-ban, leur front en zigzag, leurs manœuvres interrompues, les fifres enroués, les clameurs effrayées, les armes entortillées, les cavaliers empêtrés, les chevaux emportés et les piétons culbutés...

Le désordre se communiquant de proche en proche, peu s'en fallut que la déroute ne fût complète; mais une autre épreuve était réservée à ces braves.

Le tumulte et le mouvement cessèrent quand Lézonnet procéda à l'appel des desservants et à l'inspection des armes ; et c'est alors que le premier son de la cloche de la Sainte-Croix annonça une cérémonie d'un tout autre genre.

La mer était pleine, bleue et gonflée par une tiède brise. Ses lames allongées se balançaient sans bruit, et frémissaient à peine en déferlant sur la plage. Au loin, la côte de Clohars dessinait ses brisants liserés d'écume. La pointe du Gabelon, le Cornet et la Jument moutonnaient vers le sud. Par delà, les Glénans se dressaient au milieu de la mer, et semblaient tendus de blanc comme pour la fête qui allait s'ouvrir.

Tout à coup, dans ce cadre immense où louvoyaient à peine quelques rares chasse-marées, sur cette nappe d'azur et d'argent que les rayons du soleil projetés en éventail semaient de cercles lumineux; tout à coup apparaît, — avec ses mille voiles blanches et rouges, ses pavillons bariolés, ses rames qui se relèvent et s'abaissent, ses bannières dressées au-dessus des eaux, — la flottille des pêcheurs de la baie, divisée en dix-huit escadres.

A la tête de toutes les barques, s'avance la chaloupe d'honneur, pavoisée de blanc, montée par Tré-Maria, et dont la proue couronnée de fleurs promène la statue de Notre-

Dame de l'Armor, les deux mains étendues sur la mer.

En avant de chaque escadre vogue le bateau qui porte le grand crucifix d'argent, ouvrant ses deux bras dans le ciel, l'image vénérée du saint patron brodée en soie et en or sur le velours, et le curé de la paroisse ou le desservant de la trêve en surplis de mousseline et en chasuble dorée.

Ensuite viennent les trois cent cinquante chaloupes montées par les pêcheurs, et naviguant de conserve vers le centre du port.

Les unes glissent de front sur les eaux, et les autres se suivent à la file ; celles-ci se croisent entre elles en virant de bord, et celles-là, luttant de vitesse, se dépassent et se rattrapent tour à tour. Quelques-unes disparaissent parfois derrière un promontoire que dominent des maisons et des arbres ; et alors elles semblent fendre des vagues de feuillage et de gazon ; leurs voiles courent légèrement au milieu des haies de chênes verts et d'ajoncs en fleur.

Lorsque après ces évolutions, toutes se trouvent réunies au milieu du port, elles mettent leurs voiles en travers ; un grand silence s'établit à l'entour, les rameurs lèvent leurs avirons, les bannières saluent, en s'inclinant trois fois, Notre-Dame de l'Armor, et les prêtres, tournés vers les quatre points de l'horizon, entonnent d'une seule voix les chants qui bénissent les Coureaux.

Moment touchant et solennel où chaque marinier, nu-tête, à deux genoux, demande à Dieu (1) « cette manne abondante que le Breton cherche au fond de l'Océan comme l'Hébreu la recevait du ciel ; ces bancs de sardines, profonds et innombrables, qui doivent nourrir sa famille et réparer sa chaloupe

---

(1) Louis Dufilhol. — (*Guionvac'h.* — chap. V, page 81.)

durant les longs mois de l'hiver ! » Moment solennel surtout pour le vieux pêcheur courbé sur la mer transparente, et dont l'œil pénétrant voit déjà dans ses vertes entrailles les essaims argentés auxquels il tendra demain ses filets !

C'est alors que le deuxième son de la cloche de la Sainte-Croix se fait entendre, que Tré-Maria se dresse, l'épée à la main, dans sa chaloupe, et que, les pêcheurs se relevant soldats, la cérémonie se convertit en bataille.

Mais avant que ce combat commençât au dehors, voici comment il se préparait au dedans. Le chanoine Moreau va nous raconter cet épisode, le chanoine Moreau qui en fut presque témoin.

Les gentilshommes gardiens des clefs de la ville étaient le sieur de Kermassonnet et un de ses amis, tous deux huguenots, et par conséquent détestés du peuple.

Ayant veillé toute la nuit, en l'absence de Lézonnet, l'un et l'autre s'étaient jetés tout habillés sur le même lit, comme frères d'armes, et dormaient d'un profond sommeil sous la garde d'un piquier debout à la porte de leur chambre, car ils logeaient chez un habitant catholique dans lequel ils avaient une médiocre confiance.

« Cet habitant était le nommé Charles
« Le Briz, marchand mercier, natif de Quim-
« per, sur la place Saint-Korentin. » Ce jeune homme s'était mis d'intelligence avec le sieur de Tré-Maria, « considérant combien
« la ville et le pays étaient misérables, tant
« pour la religion que pour l'honneur et les
« moyens, si cette sorte de gens (les hugue-
« nots et les royalistes) y demeuraient les
« maîtres. Il attendait donc, comme tous les
« amis des Ligueurs, que l'occasion se pré-
« sentât belle pour rendre un signalé service

« à la Bretagne. » Ainsi, pendant que les autres se rendaient aux différents postes et aux poternes gardés par les soldats, il s'était chargé d'enlever les clefs au sieur de Kermassonnet et à son compagnon.

Au signal donné par la cloche de la Sainte-Croix, jugeant bien que ses hôtes dormaient, comme tous ceux qui avaient veillé la nuit, il se rend à la porte de leur chambre et demande à la sentinelle de leur parler. La sentinelle refuse, suivant sa consigne; mais Le Briz dit « qu'il a des lettres à bailler aux
« gentilshommes, et tirant des paperasses
« de ses poches, en laisse tomber quelques-
« unes à terre, jugeant que le piquier offi-
« cieux les relèverait, comme il ne manque
« pas d'advenir.

« Or, tandis que celui-ci se baissait pour
« les ramasser, Le Briz tire son couteau,
« duquel il donne dans les reins au pauvre

« piquier, et trouve si bien le cœur, qu'il
« tombe sans jeter un soupir.

« Lors, Le Briz entre dans la chambre où
« étaient couchés Kermassonnet et son ami.
« Ils avaient seulement posé leurs épées et
« ceintures, avec leurs poignards, sur la
« table, près du lit. Kermassonnet avait les
« clefs des portes en une liassée autour du
« bras, qu'il était impossible et dangereux
« d'ôter sans l'éveiller, où en tel cas il n'al-
« lait que de la vie à celui qui l'eût tenté,
« s'il eût été découvert.

« Notre généreux Bas-Breton se résolut
« donc de faire un acte d'honneur et de
« courage ; et s'en v prendre les deux poi-
« gnards des deux dormants (mieux affilés que
« son couteau) et leur en donne à tous deux
« ensemble dans le sein ; et en redoublant
« coup sur coup, les tue tous deux sans
« qu'ils eurent le temps de jeter un seul cri,

« mais bien quelques tressauts en mourant....

« Ces deux morts, ledit Le Briz prend les
« clefs (la cloche de la Sainte-Croix sonnant
« toujours) et s'en va le long de la rue, sans
« faire semblant de rien, vers la grande porte
« de la ville, pour l'ouvrir à ses amis quand
« il en sera besoin.

« Mais comme il s'acheminait ainsi, il y
« avait un soldat sur la muraille, vers la Tour
« de la Munition, du côté droit en sortant
« de la place, lequel prenant garde à la con-
« tenance un peu émue du Breton, eut opi-
« nion qu'il voulait attenter quelque chose
« à leur préjudice, ce qui le fit s'approcher
« de ladite porte par-dessus ledit mur.

« Le Briz, qui s'avançait, se hâte, et le
« soldat aussi; puis tous deux commen-
« cent à courir, savoir : l'habitant à la porte
« pour l'ouvrir, et le soldat pour l'empêcher,
« l'épée nue au poing et criant trahison. Mais

« la muraille étant très-haute en l'endroit
« où il voulait descendre, et voyant les clefs
« entre les mains dudit Le Briz, le soldat fit
« le saut périlleux, se jetant du haut en bas
« de la muraille sur le pavé.

« Ce fut comme un miracle que cet héré-
« tique ne se rompît pas le col! Il ne se fit
« néanmoins aucun mal qui le retardât de
« se lever promptement, et court à la porte
« pensant prévenir le Breton ; et il y était à
« temps lorsque, de bonheur, et par une
« spéciale grâce de Dieu (Le Briz ne con-
« naissant pas en la liasse quelle était la clef
« de cette porte), la première qu'il essaya
« était la vraie clef, qu'il n'eut pas sitôt
« tournée que le pont-levis tombe, et... »

Mais pendant ce temps-là d'autres événements non moins graves s'étaient passés au
dehors.

Au son de la cloche de la Sainte-Croix, le

Pillaouer, suivant sa promesse, avait réveillé Mor-Vaniel.

Le Ligueur s'était relevé encore faible et pâle ; mais sa résolution avait renouvelé ses forces. Prendre ses armes, goûter un cordial que lui donna Merlin, monter à cheval à la porte de l'auberge et s'élancer vers les clos de la Forêt, tout cela fut l'affaire d'une minute.

A l'instant l'hôtelier, qui avait aussi son rôle, fait signe à un de ses valets de surveiller Luk et César, toujours attablés l'un devant l'autre ; lui-même court à la montre de l'arrière-ban, et demande le sieur de Lézonnet, en homme qui porte une grande nouvelle.

— Messire, dit-il tout bas au capitaine, on médite sans doute quelque entreprise contre la forteresse ; apprenez que Mor-Vaniel le Ligueur est au *Saumon qui danse !*

— Mor-Vaniel chez toi ! s'écrie Lézonnet, en es-tu bien sûr, malheureux ?

— Assurez-vous-en vous-même ; voici un papier que je lui ai dérobé.

Il présente à Le Prestre un passe-port du duc de Mercœur, au nom de Mor-Vaniel, que celui-ci lui avait remis tout exprès pour cet usage ; puis au portrait qu'il trace de l'individu, Lézonnet reconnaît l'aventurier César... et s'écrie en se frappant le front :

— Mort-Dieu ! j'aurais dû m'en douter ce matin ! La figure de cet homme est tout le signalement qu'il a eu l'audace de nous lire lui-même pour prévenir nos soupçons !

Aussitôt, il interrompt la montre, communique la découverte à ses hommes d'armes, et, divisant ses forces, comme on l'avait prévu, en laisse la moitié devant le pont-levis avec l'arrière-ban, tandis qu'il va lui-même, avec l'autre moitié, cerner l'auberge.

Tous les mariniers étant sur les chaloupes, et le Pillaouer s'étant éclipsé après le Ligueur, Luk et César étaient justement seuls dans la salle basse.

Leur surprise fut grande quand ils se virent entourés d'une foule de soldats menaçants ; mais elle fut plus grande encore quand Lézonnet ayant demandé : Où est-il ?

Er-Govik répondit :

— Le voilà ! et le mendiant est son compagnon !

Tous deux eurent beau crier et se débattre, il fallut céder à la force ; et les gens d'armes allaient les arquebuser, lorsqu'une immense clameur se fit entendre...

Cette clameur se composait des cris poussés à la fois par les paysans qui accouraient avec le Ligueur, par l'arrière-ban épouvanté à leur aspect, par les pêcheurs entourant le fort de leurs chaloupes, par les habitants de la ville complices de l'entreprise, et par les sentinelles de toutes les portes, assaillies du dedans et du dehors.

Ce fut un spectacle étrange et formidable que ce triple combat, au milieu d'une telle cérémonie et d'un tel concours de peuple, à la plus éclatante lumière du soleil !

Les pêcheurs surtout furent prodigieux à voir, lorsque, interrompant tout à coup leurs chants et leurs prières, répétant d'une seule voix le terrible cri poussé par Tré-Maria, jetant la rame et le gouvernail pour saisir leurs armes tranchantes, à la vue des croix et des bannières flottant sur leurs têtes, devant l'image sacrée de Notre-Dame de l'Armor, et sous les yeux des prêtres éperdus, ils enveloppèrent la forteresse comme une ceinture vivante, élevèrent les longues échelles qui les suivaient sous l'eau, les appliquèrent toutes à la fois contre les tours ou les remparts, et s'élancèrent, la pistole ou la pique, l'épée ou le poignard à la main.

C'est à ce moment que le véritable Mor-Vaniel et les paysans fondirent sur l'arrière-ban et sur la troupe de Lézonnet.

Pendant que l'arrière-ban se dispersait au premier choc, Lézonnet fit meilleure contenance, et chargea vigoureusement les ennemis; mais en se félicitant de les voir plier sous ses coups, il ne comprit point leur tactique habile, et n'en vit pas la moitié franchir le pont, abattu par Le Briz.

Quand il s'en aperçut, les paysans l'avaient déjà entraîné fort loin,... et il eut beau rétrograder ventre à terre, il arriva pour voir le pont se relever, en recevant une blessure à la gorge.

A peine savait-il par quels ennemis il venait d'être battu, tant cette inconcevable aventure ressemblait à un mauvais rêve !....

Il n'eut pas même la ressource de décharger sa fureur sur les paysans, car ils avaient disparu avec le Ligueur vers la pointe de l'ouest.

Alors il attendit vainement quelques nouvelles ou quelque signal des soldats qu'il avait laissés dans la forteresse ; il reconnut bientôt qu'ils s'étaient rendus à discrétion, en voyant l'étendard de la Sainte-Union remplacer sa bannière sur la tour du Gouverneur; et son unique consolation dans une telle déconvenue fut de faire pendre, à tout hasard, le mendiant et l'aventurier qui étaient restés en son pouvoir.

L'écharpe de César, divisée en deux, devint l'instrument du double supplice. Le chevalier fut attaché par le blanc, et le mendiant par le rouge, au premier arbre de la côte; et notre politique reprit la route de Kemper en se disant avec rage :

— Une aubaine de trente mille écus enlevée par des manants ! Mais s'ils m'ont égratigné, Mort-Dieu ! je les écorcherai bientôt (1). »

Au bout d'un quart d'heure, Mor-Vaniel reparut avec les paysans. Voyant l'ennemi en fuite et le chemin libre, il avait laissé les chaloupes sur la côte, et voulait entrer ouvertement dans sa conquête.

Sa troupe victorieuse fut saluée au passage par toute la population de Concarneau, et ce fut alors qu'il aperçut le mendiant et l'aventurier dansant des jabadaos à quatre pieds de terre.

— Part à deux, messires ! leur dit-il au passage, tandis que leurs yeux mourants le reconnaissaient avec effroi ; vous ne porterez plus envie à Mor-Vaniel, chevalier César ! Voilà les douceurs de la vie de partisan !

(1) Chanoine Moreau. — *Histoire de la Ligue en Bretagne*.

Mais il vit que les malheureux, accrochés à une branche, pouvaient être sauvés encore, et il résolut de borner là leur punition.

Se dressant sur son cheval et tirant son épée, il trancha la double écharpe; et les deux pendus retombèrent sur leurs jambes.

— Allez et vivez, misérables! mais ne dites plus que Mor-Vaniel est un brigand!

Alors, les pêcheurs accoururent au-devant de lui, portant l'image de la Vierge au milieu des bannières ; et il prit possession de la place, tandis que mille voix criaient sur ses pas :

— Bonne pêche à Mor-Vaniel le Ligueur! Gloire à Notre-Dame de l'Armor !

VI

UNE SURPRISE.

Après avoir tout mis en ordre dans la forteresse, donné ses instructions à Tré-Maria, et pris rendez-vous avec le Pillaouer à Tré-Konk, Mor-Vaniel se reposa de ses fatigues jusqu'au soir du lendemain ; mais dès que huit heures sonnèrent à l'horloge, il monta à la tour du Gouverneur, et cette seconde journée finit par un spectacle digne de ceux du jour précédent.

Depuis le matin, le soleil avait dardé dans le ciel et sur la terre ses rayons les plus brûlants. De ce dernier incendie qu'il allume au couchant, avant de plonger dans la mer, il ne restait plus une seule lueur dans l'infini des cieux, plus un seul reflet sur l'immensité des eaux. Les rideaux vermeils de l'aube s'étaient fermés lentement derrière le roi de la lumière, et le vent de l'ouest, envahissant le ciel, l'avait enveloppé d'un sombre voile de nuages.

Debout et en silence auprès de Tré-Maria, Mor-Vaniel ne vit pendant un quart d'heure que la nappe noire de l'Océan, n'entendit que le ressac des flots brisés les uns contre les autres.

Mais tout à coup une lumière glissa rapidement sur le port, et une voix, s'accordant au bruit de quatre rames, entonna la ballade de *la Meunière de Pontaro* (1) :

    E Vannalek zo'r pardon kaer
    Lec'h ia merc'hed kôant gad al laer.

    Enon vé gwélet ar botred,
    Gand hé kézek braz ha sternet.

    Hag ho sakou a zo blunied
    Evit dirollo ar merc'hed.

      Ha ma mel a drei :
        Diga–diga–di ;
      Ha ma mel a ia,
        Diga–diga–da.

A Bannalek il y a un beau pardon, où l'on vole les jolies filles.

C'est là qu'on voit les jeunes gens sur de grands chevaux enharnachés,

(1) Th. de Lavillemarqué. *Chants populaires de la Bretagne.*

Avec des plumes à leurs chapeaux, pour séduire les jeunes filles.

> Et mon moulin tourne,
> Diga-diga-di.
> Et mon moulin va,
> Diga-diga-da.

Une vingtaine de lumières parurent à la file, et trente voix répétèrent en chœur :

> Ha ma mel a drei :
> Diga-diga-di.
> Ha ma mel a ia,
> Diga-diga-da.

Pendant que ces lumières gagnaient le large, une autre voix continua :

> Guillaouik kromm, zo glac'haret,
> Hi Fantik koant en deuz kolet.

> — Kéménérik n'em fréalhet,
> Ho Fantik koant é yo kaet.

Ma du-zé e mel Pontaro
Ar baron iaouank ar hi zro.
Ha ma mel a drei, etc.

Guillaouik, le petit bossu, est bien affligé ; sa jolie Fantik, il l'a perdue.

— Petit tailleur, consolez-vous ; votre jolie Fantik n'est point perdue.

Elle est là-bas, au moulin de Pontaro, en compagnie du jeune baron.

Et mon moulin tourne, etc.

Nouveau chœur de voix plus nombreux encore, et trente lumières rejoignirent les autres.

Un troisième chanteur reprit :

— Tok ! tok ! tok ! o méliner !
Digas, ma dous Fantik d'ar ger !

— Némeuz gwélét ko tous Fanchon
Némed eur wech mel ann baron ;

Med eur wech aman tal ann pont,
Eur rozennik ar hé c'halon,

Gat hi eur c'hoef ken gwenn hag erc'h
Ha n'hi fa ket bet digan-hec'h,

Eur c'horf voulouz du'nn hi herc'hen,
Ha han bordet gad argant gwenn.
Ha ma mel a drei, etc.

— Tok! tok! tok! ô meunier! ramène-moi ma douce Fantik!

— Je n'ai vu votre douce Fanchon qu'une seule fois, au moulin du baron.

Qu'une fois ici près du pont; elle portait une petite rose sur le cœur,

Et une coiffure plus blanche que neige, que vous ne lui avez pas donnée,

Et un corset de velours noir, galonné d'argent blanc.

Et mon moulin tourne, etc.

Cette fois ce furent cent voix qui répétèrent le refrain, et quarante ou cinquante lumières qui se suivirent.

Puis bientôt un quatrième chanteur :

>Ga thi enn hi vrec'h eur panner,
>Frézou ken mélen ha ken kaer !
>
>Frézou deuz jardin ar maner,
>Bleuniou fin ar'nn hé, kéméner,
>
>'Nem sellt a ré é-barz ar ster ;
>Né oa vil, enn dail, na dister !
>
>Hag a gané kenn aliez :
>— Mé garfé bud milinérez,
>
>Mé garfé bud a greiz kalon
>Milinérez mel ann baron.
>
>Ha ma mel a drei, etc.

Elle avait au bras une corbeille pleine de fruits, pleine de fruits si dorés et si beaux !

De fruits du jardin du manoir, ô tailleur ! avec des fleurs par-dessus ;

Et elle se mirait dans la rivière, et vraiment elle n'était pas laide !

— Et elle ne faisait que chanter : Je voudrais bien être meunière !

Je voudrais bien être meunière, meunière du jeune baron !
Et mon moulin tourne, etc.

En ce moment les lumières se multiplièrent tellement, qu'il fut impossible de les compter, et le refrain réveilla des échos plus innombrables encore.

Ce n'était pas tout cependant, car une nouvelle voix poursuivit :

— Miliner n'em godiset ket :
Ma Fantik koant d'in daskoret.

— Ha pa réfec'h d'in pemp-kant skoed,
Ho tous Fantik na pézo ket,

Na pézo ket ho tous Fanchon,
Chomm rei é mélin ann baron ;

Ho tous Fantik n'a pézo ket,
Rag é ma gan-in gwalennet ;

Chomm a rei gand'nn otrou Iwenn
A zo eur c'histen mad a zen.

    Ha ma mel a drei, etc.

— Meunier, ne vous moquez pas de moi ; rendez-moi ma jolie Fantik.

— Quand vous me donneriez cinq cents écus, vous n'auriez point votre Fantik,

Vous n'auriez point votre Fanchon ; elle restera dans le moulin du baron.

Votre Fantik point vous n'aurez, car je lui ai passé mon anneau au doigt ;

Elle restera dans le moulin de M. Iwen, qui est un parfait chrétien d'homme.

    Et mon moulin tourne, etc.

Ici, chanteurs et lumières remplirent tout le port, et le bruit de mille rames couvrit presque le dernier couplet :

> Milinérien zo potred gé,
> Né réint mui némed kana'nn-hé;
>
> Hé a laré' nn eur c'huitalat :
> — Krampouez kag aman a zo mad !
>
> Krampouez kag aman a zo mad !
> Ha nébeudik euz peb sac'had,
>
> Ha nébeudik euz peb sac'had,
> Hag ar merc'hed kempen erfad.
>   Ha ma mal a drei, etc.

Les garçons meuniers sont fort gais : ils ne faisaient que chanter.

Ils chantaient et sifflaient toujours : — Des crêpes et du beurre, c'est bon !

Ils chantaient : — Des crêpes et du beurre, c'est bon ! — Et un peu du sac de chacun !

Et un peu du sac de chacun ! Et des jolies filles aussi !

Et mon moulin tourne, etc.

« Or, la jolie Fantik, ajouta une dernière voix, c'est le fort de Konk, avec ses dix tours rondes.

« Le petit tailleur qui l'a perdue, la jolie Fantik, c'est M. de Lézonnet.

« Le jeune baron qui l'a enlevée, Fantik, c'est Mor-Vaniel le Ligueur ! »

Et toutes les voix de répéter, en éclatant comme un coup de tonnerre :

> Ha ma mel a drei :
> Diga-diga-di.
> Ha ma mel a ia,
> Diga-diga-da.

Les trois cent cinquante chaloupes de la baie se trouvaient, pour la seconde fois, réuniés sous les yeux de Mor-Vaniel et de Tré-Maria, portant chacune une torche de poix flamboyante sur la proue, et naviguant de conserve du côté de la pleine mer.

Quand elles eurent dépassé la pointe où s'avance la digue actuelle, elles se répandirent, sans se séparer, sur le golfe, et s'éloignèrent au bruit décroissant des rames, mêlé aux derniers refrains de *la Meunière*.

Bientôt le vent n'apporta plus à Mor-Vaniel que quelques lambeaux de la ballade; mais un admirable tableau vint enchanter ses regards.

A voir ces trois cent cinquante lumières reflétées et multipliées par les eaux, on eût dit que le ciel avait laissé pleuvoir dans la mer ses myriades d'étoiles.

Les unes, prolongées en files blanches, imitaient les douces lueurs de la voie lactée; les autres formaient, comme le Chariot ou la grande Ourse, un groupe étincelant à l'écart. Celle-ci, détachée sur le sombre azur, semblait l'étoile de Vénus annonçant l'heure du berger : celle-là éclipsait, comme Sirius, de ses feux ardents, toutes les constellations environnantes. Là-bas c'étaient les rois mages qui arrivaient de l'Orient avec leurs trois auréoles d'or. Plus loin une comète traînait à l'horizon sa queue de flamme, agitée par le vent de la nuit.

Et les perspectives que découvraient ces astres fantastiques n'étaient pas moins fantastiques que les astres eux-mêmes.

Ici, la silhouette massive d'un promontoire figurait un nuage chargé de foudres. Chaque torche qui s'en détachait en virant de bord décrivait les zigzags de l'éclair sur l'Océan. Là, une aurore boréale s'épanouissait tout à coup au milieu des reflets capricieux de cent lumières. Ailleurs, une étoile filait rapidement et se perdait comme un feu follet dans l'espace. — Et les ombres de chaque barque, promenées sur les eaux, poursuivaient chaque constellation comme des nuées jalouses.

L'illusion était complétée par l'obscurité profonde qui enveloppait le ciel, où semblaient, par réciprocité, rouler les vagues d'une mer orageuse.

Longtemps Mor-Vaniel suivit des yeux cette illumination fuyante, dont la contemplation le plongeait dans une sombre rêverie.

Tout à coup, au moment où les dernières torches s'effaçaient dans le lointain, il tressaillit au bruit d'une détonation répétée par tous les échos de la baie.

— Voici le duc de Mercœur et les galères espagnoles! s'écria-t-il en se tournant vers Tré-Maria. Allez transmettre mes ordres pour l'arrivée de Monseigneur! Que le canon de la tour réponde au canon de la flotte! Que tous nos hommes se rangent en armes devant la porte de l'Ouest! Que l'église paroissiale de Saint-Guénolé, que les chapelles de la Trinité et du Rosaire s'ouvrent et s'illuminent pour le chant du *Te Deum !* et que la grande salle du château soit disposée comme elle l'était autrefois pour recevoir les ducs de Bretagne!...

Tré-Maria descendit précipitamment l'escalier de la tour, et Mor-Vaniel demeura seul incliné sur le parapet.

Peu à peu les lumières de la flottille reparurent et se rapprochèrent. D'autres lumières plus élevées et plus éclatantes arrivèrent à la suite. Plusieurs coups de canon furent échangés entre la citadelle et les galères. Enfin celles-ci détachèrent leur haute voilure au milieu des humbles chaloupes rangées à l'entour, et elles entrèrent dans le port au bruit d'une dernière salve d'artillerie.

Au même instant toute la population de Konk affluait avec acclamation sur la rive, tandis que les pêcheurs répétaient plus joyeusement que jamais le refrain populaire :

> Ha ma mel a drei :
> Diga-diga-di.
> Ha ma mel a ia,
> Diga-diga-da.

Alors Mor-Vaniel descendit à son tour, jeta un coup d'œil rapide dans la grande salle pour voir si tout était prêt, et, rejoignant Tré-Maria près du pont-levis, alla sur la plage au-devant du duc de Mercœur.

La principale galère venait justement d'aborder le rivage, auquel un pont improvisé la joignit à l'instant.

Cette galère, couverte de dorures et garnie de coussins, était remplie d'une multitude de personnages vêtus de soie et de velours, dominée par la haute taille et la figure colorée du prince de Lorraine.

Mor-Vaniel reconnut le duc au milieu de tous, marcha droit à lui, le salua en s'inclinant trois fois; puis, il lui dit en ployant le genou et en posant une main dans les siennes, comme eût fait un grand vassal en présence de son suzerain :

— J'ai l'honneur de remettre sous votre obéissance et sous votre juridiction, monseigneur, la forteresse et la cité de Concarneau, enlevées hier à vos ennemis avec l'aide de Dieu.

En même temps Tré-Maria, s'agenouillant tout à fait, présenta les clefs dans un plateau d'argent, non sans faire une quantité de signes de croix.

Au milieu d'un murmure, de félicitations de la part des uns, de jalousie de la part des autres, une voix sourde, partie du groupe des Espagnols, laissa échapper ces mots significatifs :

— Plus heureux et plus fier que jamais !

Et le Ligueur distingua dans l'ombre deux yeux étincelants de rage et d'envie...

Le duc de Mercœur toucha les clefs d'une main, de l'autre il releva Mor-Vaniel; puis, comme celui-ci lui offrait la sienne pour débarquer :

— Cet honneur appartient à madame la duchesse, dit le prince avec la plus aimable courtoisie.

Et reculant de deux pas, au milieu des seigneurs qui l'entouraient, il découvrit une femme éblouissante de beauté.

— Madame la duchesse ! s'écria Mor-Vaniel avec une émotion singulière ; madame la duchesse ici !

— Voilà une surprise qui n'est pas galante, messire, repartit une voix superbe et douce en même temps : une femme de cœur ne peut-elle braver les tempêtes, comme un vaillant homme prend les villes d'assaut ?

— Pardonnez-moi, madame, reprit le Ligueur en se remettant ; une femme comme la duchesse de Mercœur est faite pour étonner tout le monde.

— Excepté vous, monsieur ! dit Marie de Bretagne à demi-voix.

Et posant sa belle main sur le bras de Mor-Vaniel, relevant sa robe de velours sur un pied divin, elle précéda gracieusement le cortége vers le pont-levis du fort.

— Vive monseigneur le duc de Mercœur ! Noël à madame Marie de Bretagne ! criaient sur leur passage les paysans et les pêcheurs.

Quelques groupes ajoutèrent : — Gloire à Mor-Vaniel le Ligueur ! Et la duchesse leur jeta, avec son radieux sourire, la bourse qui pendait à sa ceinture.

Arrivée à la porte du château, elle s'arrêta, hésitant à quitter le bras qui la soutenait ; puis, apercevant la chapelle du Rosaire illuminée (1), que le Ligueur lui indiquait du doigt :

— Vous avez raison, dit-elle, il faut avant tout remercier Dieu.

Et elle s'avança avec Mor-Vaniel et toute sa suite jusque dans le chœur de la petite église.

(1) Nous avons encore vu, l'été dernier, à peu de distance de la grande porte du Concarneau, les restes de la chapelle du Rosaire. Ces restes, qu'on laisse tomber en ruine, offrent le caractère d'une architecture gothique assez remarquable. La grande rose de la maîtresse vitre surtout devait rivaliser avec celles des cathédrales pour l'élégance et la multiplicité des ornements.

Aussitôt les trois cloches de la ville s'ébranlèrent en même temps, et du Rosaire à Saint-Guénolé, les versets du *Te Deum* se répondirent, chantés par des milliers de voix.

Une demi-heure après, le duc de Mercœur entrait, avec Marie de Bretagne, dans la grande salle de la tour du Gouverneur.

Chacun se retira vers la chambre qui lui était assignée, et Mor-Vaniel se dit en gagnant la sienne :

—La duchesse de Mercœur ici, grand Dieu ! Comment partir demain pour Rustéfan ?...

VII

EXPLICATIONS.

Pourquoi la présence de la duchesse à Concarneau était-elle un si grand embarras pour Mor-Vaniel? La réponse à cette question se trouvera dans l'histoire du Ligueur.

D'abord, il ne s'appelait pas plus Mor-Vaniel que Lestialla : Lestialla était son nom d'aventure, et Mor-Vaniel son nom de guerre. Son nom de famille était Le Heuk de Portzampark, en Plounevez.

Les Le Heuk figuraient au premier rang des nobles maisons du pays de Tréguier; mais, comme ils figurèrent aussi au premier rang des zélés dans les guerres de religion, ils périrent tous par l'épée, par l'arquebuse ou par la flamme.

La belle Yolande, épouse du dernier Portzampark, mourut dans l'incendie de son dernier château, après avoir donné le jour à un fils, qui resta vingt-quatre heures abandonné au milieu des décombres.

Il fut trouvé miraculeusement par un pauvre homme de Plounevez, qui l'enveloppa dans son jupen et le porta à sa femme.

Cette femme était Martha, une de ces inspirées que les Brétons révèrent encore, comme leurs aïeux révéraient les druidesses. Cet homme était Merlin le Pillaouer, alors simple brocanteur de chiffons.

L'enfant fut baptisé du nom de Gwenaël (ange blanc), qu'il ne tarda pas à justifier par sa beauté merveilleuse.

Nourri, comme les orphelins de l'Armorique, par toutes les jeunes mères du village, ce fut à qui lui offrirait le sein, à côté de son propre enfant. L'une ajouta le berceau de chêne et le coussin de *bizin glaz* (varech rubané); l'autre le couvre-pied de *ballin* (fil d'étoupe) et le maillot de lisière (*ar vailur*); une troisième fournit l'*iod* savoureux, composé de lait pur et de fine fleur de froment.

Mais par-dessus tout Martha fut sa *vagerez* et Merlin son *tad-mager* (père et mère nourriciers); car, la couche de Martha étant demeurée stérile, elle adopta l'orphelin que lui envoyait le ciel; et Merlin, cet homme qui devait devenir un usurier, avait un cœur tendre et superstitieux pour Martha.

Comme les fleurs qu'une sorte de providence fait éclore sur les ruines les plus désolées, cet amour avait seul germé dans l'âme aride du Pillaouer, et on peut dire qu'il en avait absorbé toute la séve.

Merlin se consacra à Gwenaël avec le tendre dévouement qu'il eût eu pour un fils, sans sortir du profond respect qu'il devait au seigneur de Portzampark; et l'ambition de remettre un jour ce seigneur à son rang devint le premier aiguillon de la cupidité du paysan.

Chose étrange ! Le Pillaouer se fit avare envers tout le monde afin d'être plus prodigue envers cet enfant.

Le jeune Le Heuk fut élevé comme un prince par les pauvres villageois. Ils mangèrent du pain noir pour le nourrir plus délicatement ; ils se vêtirent de toile pour le couvrir de velours ; et pour lui acheter une épée, quand il eut quatorze ans, Martha vendit son alliance et sa croix de noce.

Elle mourut peu de temps après, en confiant, au nom de Dieu, l'orphelin à son mari, non sans promettre de veiller sur tous deux du haut du ciel.

Naturellement, Gwenaël fut le roi de tous les paotred de Plounevez, roi d'autant plus légitime qu'il était sans rivaux dans les luttes, aux soules, aux grands charrois, à la danse des aires neuves.

De là à devenir leur chef, en ces temps de guerre, il n'y avait qu'un pas ; ce pas se trouva fait le jour où Gwenaël put manier son épée.

Ce jour-là aussi, Merlin, qui commençait à s'enrichir, lui donna un cheval, une armure, un équipement complet ; et Le Heuk fit ses premières armes, comme du Guesclin, en battant le pays à la tête des manants.

Sur ces entrefaites, Henri III ayant lancé contre les protestants le fameux édit de juillet 1585, et le duc de Mercœur s'en étant autorisé à lever l'étendard de la Ligue Armoricaine, il y eut dans toute la Cornouaille des fêtes et des tournois, présidés par la belle Marie de Bretagne (1).

A l'une de ces fêtes cependant, l'illustre dame eut la fantaisie de voiler son éclat et de s'asseoir ignorée au milieu des châtelaines du pays.

Aucun des combattants ne savait qu'elle était présente; et Gwenaël, admis dans les joutes, allait y faire ses premières armes.

Comme tous ses concurrents, il promena

(1) Les tournois, abolis en France à la suite de la cruelle mort de Henri II, se maintinrent longtemps encore en Bretagne, où l'amour de la duchesse de Mercœur pour les solennités de ce genre avait remis en vigueur toutes les coutumes chevaleresques.

d'abord ses regards sur l'assistance, pour choisir, parmi les jeunes femmes, celle qui méritait le prix de la beauté. Il ne tarda pas à en remarquer une qui lui parut supérieure à toutes les autres ; et ce fut en fixant les yeux sur cet astre inconnu, qu'il entra dans la lice contre son premier adversaire...

Il lui sembla, en ce moment, que l'attention de la belle répondait à la sienne, comme s'il eût occupé pour elle entre les hommes le même rang qu'elle occupait pour lui entre les femmes. Et le fait est, qu'avec ses vingt ans, son visage rose, sa chevelure aux boucles d'or, son armure étincelante, son petit cheval des montagnes, son harnais brodé par les filles du Plounévez, Gwenaël était digne de tous les Portzampark dont il allait soutenir le nom célèbre, et ne craignait aucun des Ligueurs les plus brillants et les plus renommés du tournoi.

C'est ce que le regard de la châtelaine lui annonça de loin ; et ce regard lui fit faire des prodiges !...

Il démonta les guerriers les plus consommés dans les passes d'armes, fut invincible comme saint Georges, et enleva sans rivalité le prix des joutes.

A son dernier coup de lance, le plus triomphant de tous, il vit une écharpe s'agiter au milieu des mains qui l'applaudissaient ; et cette écharpe ne voilait qu'à demi les beaux yeux qui l'avaient rendu vainqueur.

Proclamé roi de la fête, il ne lui restait plus qu'à en désigner la reine, celle que, suivant les anciennes coutumes, on appelait encore la *Reine des Amours*.

Gwenaël prit le riche collier d'or qui lui était destiné, et, précédé d'un héraut sonnant de la trompette, il fendit sans hésitation les rangs pressés de la foule.

Ce fut en vain que l'inconnue voulut se dérober à ce triomphe public; le regard perçant du jeune homme l'eût suivie au bout du monde. Il fallut qu'elle se laissât couronner solennellement, qu'elle passât le collier d'honneur à Gwenaël, qu'elle lui donnât sa main à baiser devant tous, enfin qu'elle livrât son nom aux acclamations générales.

Or, quand ce grand nom de Marie de Bretagne, duchesse de Mercœur, retentit au travers des lices, ce furent des cris et des battements de mains qui semblèrent ébranler les cieux.

—Pardonnez-moi, madame, dit le jeune Portzampark, de vous avoir découverte et trahie sans le savoir; le soleil ne saurait se cacher au milieu des étoiles, et les lois de la chevalerie disent : Honneur à la plus belle !

—Elles disent aussi : Gloire au plus vaillant ! répondit la duchesse, en prouvant par un regard au vainqueur qu'il avait remporté plus d'un triomphe.

C'était là une de ces aventures qui font la fortune d'un homme ! Celle de Gwenaël fut assurée à partir de ce moment.

Il se signala de jour en jour à Tréguier par sa bonne mine, son élégance, sa bravoure et son extrême jeunesse, au point d'éclipser jusqu'aux gentilshommes de la cour du duc.

La princesse lui fit donner la chevalerie par ce dernier, le couronna dix fois de sa main à la fin des carrousels, et l'admit parmi les guerriers qu'elle appelait ses lieutenants.

C'étaient les plus beaux, les plus braves et les plus nobles gentilshommes de Bretagne, que l'ambitieuse héritière des Penthièvres attachait à son parti par les passions qu'elle leur inspirait ; — lions farouches et redoutés qui eussent renversé le duc en se tournant contre lui, et que la toute-puissante coquette attelait à son char avec des sourires et des rubans roses.

Toutefois le plus important et le plus passionné de ces seigneurs n'appartenait pas à la Bretagne. On a reconnu le sombre et jaloux Espagnol, don Juan d'Aquila, coronal des troupes de Sa Majesté Catholique.

La duchesse de Mercœur avait pour cet homme tous les égards et toutes les belles paroles que méritaient ses milliers de soldats et de doublons, sans compter l'armada promise par Philippe II; mais le jeune seigneur de Portzampark n'eut pas plutôt paru, que l'étoile de don Juan lui-même pâlit comme celle de tous les autres.

Outre la chevalerie et le prix des joutes, Gwenaël obtint une compagnie de chevau-légers, avec une tolérance qui lui permettait de ranger toute une armée sous ses ordres.

Ce fut alors qu'une noble pensée s'empara de cet esprit aventureux, et qu'il rêva l'affranchissement de la Bretagne, au moyen du duc de Mercœur.

Armé de son brevet illimité, muni de l'or intarissable du Pillaouer, il leva, dans la haute Cornouaille, l'étendard des paroisses, et il fut appelé dès ce moment Mor-Vaniel, nom qui signifie la GRANDE BANNIÈRE, c'est-à-dire la bannière du pays.

Pour réunir, organiser et multiplier ses bandes, les agents et les commissaires du Ligueur furent les tailleurs de village : entremetteurs actifs et habiles de toutes les affaires en basse Bretagne.

Il prit pour lieutenant Tré-Maria, prêtre trégorrois, dont il détestait l'inhumanité fanatique, mais dont l'influence sacrée lui était indispensable. Avec lui, il rangea sous la Ligue bretonne toute la haute Cornouaille;

et il se fit le nom formidable qu'on a vu, lorsque le duc de Mercœur l'envoya devant lui dans les « basses terres. »

Il s'agissait d'abord d'arrêter le maréchal d'Aumont devant Kemper-Korentin. Mor-Vaniel, voulant sonder ce nouveau théâtre, avant de s'y risquer à découvert, joignit avec ses chevau-légers, et sous le nom de Lestialla, la garnison catholique chargée de défendre la place.

Ce fut alors que le hasard lui fit rencontrer mademoiselle du Liskoët, et alluma dans son cœur cette passion qui absorbe toutes les autres en fixant à jamais la destinée d'un homme. Peut-être à ce moment, l'amoureux nuisit-il un peu au Ligueur. Du reste, il eût fallu un miracle pour sauver Kemper contre l'armée du maréchal d'Aumont.

Afin de se consoler de cet échec, Lestialla résolut de se rapprocher d'Aliénor; et il n'y pouvait assurément mieux parvenir qu'en se faisant prisonnier du baron.

L'erreur de celui-ci, qui le croyait épris de sa nièce, en qualité de catholique, lui permit de faire parvenir les témoignages de son amour jusqu'au cœur troublé de mademoiselle du Liskoët.

Cependant,—le châtelain qui était, comme on a vu, son débiteur, lui ayant rendu son épée,—Mor-Vaniel songea, tout en affectant de demeurer son captif, à réparer la perte de Kemper par l'enlèvement de Concarneau.

Lézonnet, qui n'avait d'opinion qu'argent comptant, avait secrètement proposé à Mercœur de lui revendre le fort, déjà vendu aux royalistes, et Lestialla avait été chargé de la négociation sans que le premier négociateur en sût rien.

Trouvant les prétentions du politique exorbitantes, et incapable de payer une trahison si cher, Mor-Vaniel résolut d'avoir Concarneau à meilleur marché : il organisa, par correspondance, avec la duchesse de Mercœur, son magnifique et hardi complot ; et, le moment arrivé pour l'exécution, il dépêcha Tré-Maria sur les lieux.

Aussitôt voilà les tailleurs de Beuzek, de Nizon et de la Forêt en campagne, au moment même où les commissaires du maréchal convoquaient l'arrière-ban. Tandis que ceux-ci réunissaient la pitoyable troupe que l'on sait, les commissaires de Mor-Vaniel eurent plus de succès auprès des paysans et des pêcheurs kernewotes ; et l'on a vu par quel excellent stratagème la citadelle retomba en leur pouvoir.

Mais, cette conquête assurée au duc de Mercœur, Lestialla en avait une autre, bien plus difficile, à faire au château de Rustéfan ; — et voilà que Marie de Bretagne surgissait entre lui et Aliénor, comme ces sirènes toutes-puissantes qui retenaient les marins au milieu des écueils !...

Quoique la princesse eût l'air d'accompagner son mari par dévouement, le Ligueur, — à qui sa belle présence était moins pénible, avant qu'il connût mademoiselle du Liskoët, — le Ligueur savait trop qu'un sentiment plus tendre attirait Marie près de lui-même (car il ne pouvait interpréter autrement les préférences dont il était l'objet, bien qu'aucun aveu d'amour n'eût franchi les lèvres sévères de la duchesse); — et un tel abîme n'était certes pas le moins profond qui séparât un catholique comme lui de la fille d'un seigneur calviniste !

Ce n'est pas que les souvenirs du tournoi de Tréguier vinssent effacer ou seulement affaiblir chez Mor-Vaniel les souvenirs de Lok-Maria. Ceux-là n'avaient jamais habité que sa tête, et ceux-ci remplissaient irrévocablement son cœur. La chevaleresque exaltation que lui avait inspirée la beauté de la duchesse, était née de son amour-propre, flatté des distinctions qui le mettaient au-dessus de mille rivaux; tandis que la passion dont il se sentait rempli pour Aliénor, se composait de tout ce qu'il y avait de plus pur et de plus exquis dans son âme immortelle! Devant cette femme si altière et si puissante, il s'était toujours senti non moins puissant et non moins altier qu'elle-même; et devant cette jeune fille si timide et si dévouée, il se trouvait plus timide et plus dévoué peut-être. En un mot, le premier sentiment laissait son âme vide et sans espoir, après l'avoir traversée comme un violent orage, — au lieu que le second donnait à sa vie tout entière un but également sublime et délicieux.

Mais d'une part, le Ligueur ne pouvait arriver jusqu'à mademoiselle du Liskoët, que par l'accomplissement de ses glorieux projets sur la Bretagne, accomplissement qui le mettrait seul au-dessus de tout obstacle de famille et de religion ; de l'autre part, il lui devenait impossible d'accomplir ces mêmes projets, sans les hautes faveurs de la princesse à qui, jusqu'alors, il devait toute sa force ! Et puis, (il faut bien le dire, car il y avait en lui deux hommes) si Lestialla aimait Aliénor de toutes les tendresses de l'amour, Mor-Vaniel aimait son pays de toutes les ardeurs du patriotisme ; et son pays, en ce moment, c'était l'héritière des Penthièvres, c'était Marie de Bretagne, dernier espoir des Bretons !

Aussi deux jours se passèrent sans qu'il lui fût possible de quitter Concarneau ; et, le duc ayant convoqué son grand conseil pour le troisième jour, ce ne fut pas sans une émotion très-vive qu'il résolut d'annoncer enfin son départ.

A peine remis de ses fatigues et de sa blessure, quoique l'appareil du Pillaouer l'eût merveilleusement fermée, il avait passé toutes les nuits dans une agitation qui n'était pas faite pour lui rendre ses forces; de sorte qu'il était pâle comme les dentelles de sa fraise, lorsqu'il prit avec Tré-Maria le chemin de la grande salle...

FIN DU PREMIER VOLUME.

TABLE

DU PREMIER VOLUME.

	Pages.
A M. de Chateaubriand.	1
Prologue : Henri-le-Béarnais.	1
— Le Siége de Beauvoir — I.	3
— II.	41
— III.	56
— IV.	80
— V.	104
— VI.	119
— VII.	133
Première partie : Mor-Vaniel-le-Ligueur.	137
— I. Chemin faisant.	139
— II. Le guet-apens.	177
— III. Part à deux.	211
— IV. Le saumon qui danse.	233
— V. Notre-Dame de l'Armor.	265
— VI. Une surprise.	289
— VII. Explications.	300

15 MAI 1842.

Publications

DE

W. COQUEBERT,

ÉDITEUR,

N° 48, rue Jacob.

PARIS,

IMPRIMERIE SCHNEIDER ET LANGRAND,

RUE D'ERFURTH 1.

TABLE DES OUVRAGES ANNONCÉS DANS CE CATALOGUE.

HISTOIRE DES FRANÇAIS des divers états aux cinq derniers siècles, par Amans-Alexis Monteil. 8 vol. in-8.
RÉVOLUTIONS DES PEUPLES DU NORD, par J.-M. Chopin, ancien secrétaire du prince Kourakin, ex-ambassadeur de Russie près la cour de France. 4 vol. in-8.
HISTOIRE DES LETTRES (cours de littérature), par Amédée Duquesnel. 8 vol. in-8.
DU TRAVAIL INTELLECTUEL en France, depuis 1815 jusqu'en 1847, par le même. 2 vol. in-8.
ÉTUDES SUR L'ALLEMAGNE, renfermant une histoire de la peinture allemande, par Alfred Michiels. 2 vol. in-8.
HISTOIRE DES IDÉES LITTÉRAIRES en France au dix-neuvième siècle, par le même. 2 vol. in-8.
LETTRES INÉDITES de Mlle Phlipon (Mme Roland), adressées aux demoiselles Cannet, de 1772 à 1780. 2 vol. in-8.
TRAITÉ DES MATÉRIAUX MANUSCRITS DE DIVERS GENRES D'HISTOIRE, par Amans-Alexis Monteil. 2 vol. in-8.
AYMÉ VERD, roman inédit, par sir Walter Scott, avec une lettre du capitaine Clutterbuck. 2 vol. in-8.
ALLAN CAMÉRON, par le même, 2ᵉ édition, 2 vol. in-8. — Sous presse.
ÉTUDES SUR LA BRETAGNE, série de romans historiques, par Pitre-Chevalier. — En vente : JEANNE DE MONTFORT et MICHEL COLUMB. 4 vol. in-8. — Sous presse : ALIÉNOR et CONAN LE TÊTU. 4 vol. in-8.
LES ENFANTS DE PARIS, série de romans, par Emile Vander-Burch. — En vente : L'ARMOIRE DE FER, ZIZI, ZOZO et ZAZA, et LE PANIER A SALADE. 6 vol. in-8. — Sous presse : LA MAISON MAUDITE. 2 vol.
ROMANS DE LA VIE RÉELLE, série de romans, par Émile Souvestre. — En vente : L'HOMME ET L'ARGENT, LA GOUTTE D'EAU et RICHE ET PAUVRE (2ᵉ édition). 6 vol. in-8. — Sous presse : LE MAT DE COCAGNE. 2 vol. in-8.
ROMANS AMÉRICAINS, par Brockden Brown, traduits de l'anglais. — En vente : WIELAND, ou LA VOIX MYSTÉRIEUSE. 2 vol. in-8. — Sous presse : EDGARD HUNTLY, ou LES AVENTURES D'UN SOMNAMBULE. 2 vol. in-8.
L'AMIRAL DE BRETAGNE, roman inédit, par Ernest Ménard. 2 vol. in-8.
ÉLIZA DE RHODES, roman religieux, par Amédée Duquesnel. 2 vol. in-8.
BRUNE ET BLONDE, par Pitre-Chevalier. 2 vol. in-8.
LA CHAMBRE DE LA REINE, par le même. 2 vol. in-8. — Sous presse.
REVUE ADMINISTRATIVE. 4ᵉ année.
LES FRANÇAIS POUR LA PREMIÈRE FOIS DANS L'HISTOIRE DE FRANCE, par Amans-Alexis Monteil. 1 vol. in-8.
LA CORSE, rapport sur son état économique et moral, par Blanqui aîné. grand in-8.
CONSIDÉRATIONS SUR L'ÉTAT SOCIAL DE LA TURQUIE D'EUROPE, par le même. grand in-8. — Sous presse.
HISTOIRE ÉLECTORALE DE LA FRANCE, depuis la convocation des états généraux de 1789, par A. Audiganne, avocat à la cour royale de Paris. 1 vol. in-8.
LES JEUNES FILLES, poëmes et nouvelles, par Pitre-Chevalier. 1 beau vol. in-18, nouvelle édition.
LA PREMIÈRE GERBE, poésies, par Marie-Laure. vol. in-18. — Sous presse.
THÉBAIDE DES GRÈVES ET LE VIEUX PAYEN, par H. Morvanuais.
CONTES POPULAIRES DES ANCIENS BRETONS, par Th. de la Villemarqué. 2 vol. in-8.
LES CHANTS DU PSALMISTE, par Sébastien Rhéal. 1 v. in-8.

Publications

DE

W. COQUEBERT, ÉDITEUR,

HISTOIRE DES FRANÇAIS

DES

DIVERS ÉTATS

Aux cinq derniers Siècles,

Par Amans-Alexis MONTEIL.

8 gros vol. in-8°, enrichis de 20,000 notes. — Prix : 64 fr.

(Ce livre a été couronné par l'Institut comme l'un des ouvrages les plus savants sur l'Histoire de France, et le roi en a fait prendre des exemplaires pour toutes ses bibliothèques.)

« Qu'est-ce que l'histoire ? L'histoire est le récit de ce qui a été, de ce qui a été fait. Qu'est-ce que l'histoire nationale ? L'histoire nationale est le récit de ce qu'a été, de ce qu'a fait une nation. Qu'est-ce qu'une nation ? Une nation est une réunion, une société d'hommes, composée de divers éléments, de divers états. L'histoire de ce qu'ont été, de ce qu'ont fait les divers états d'une nation, est donc la véritable, la seule histoire nationale. »

Ainsi a raisonné l'auteur de l'HISTOIRE DES FRANÇAIS DES DIVERS ÉTATS, avant d'entreprendre cet immense travail ; et aujourd'hui que ce travail est presque terminé, aujourd'hui qu'il est jugé par le public, c'est avec une pleine confiance que l'éditeur-propriétaire de l'œuvre complète de M. Monteil présente à la France sa première histoire nationale.

Depuis plus de quarante ans, M. Monteil tient la plume sur son HISTOIRE DES DIVERS ÉTATS, avec une patience et un courage dont notre époque n'offre aucun autre exemple. Ce qu'il a remué, compulsé, dépouillé de livres, de manuscrits, de chartes, de matériaux de toute sorte, n'est pas moins effrayant à énumérer que les vingt mille notes de son ouvrage, qui ne sont que le résumé d'une partie de ses recherches. Dans les myriades de faits découverts et cités par l'auteur, il n'y en a pas un qui n'ait derrière lui sa preuve irréfragable. C'est l'histoire ramenée à la rigueur des sciences exactes ; et cependant c'est la plus amusante des histoires ! Comment M. Monteil a-t-il résolu ce problème miraculeux ? c'est le secret d'un esprit qui tient de celui de Molière, de Sterne et de la Fontaine ; d'une imagination qui ne peut se comparer qu'à celle de Mallebranche, et qui laisse loin derrière elle toutes les inventions des romanciers ; d'un style, enfin, qui joint toute la naïveté de l'idiome de Montaigne à toute l'élégante netteté de la langue de Voltaire.

En parlant ainsi, nous ne faisons que résumer l'opinion de la haute critique sur le grand ouvrage de M. Monteil, et nous allons d'ailleurs donner une idée de la variété de ses formes, en exposant ici le cadre de chacun de ses tableaux.

Le XIVe siècle (t. I et II), SIÈCLE DE LA FÉODALITÉ, se révèle dans les ÉPITRES DE FRÈRE JEHAN, CORDELIER DE TOURS, A FRÈRE ANDRÉ, CORDELIER DE TOULOUSE. — Sous cette forme, l'auteur parcourt toutes les classes de la société, et met dans la bouche des cordeliers, les beaux esprits, les esprits forts du temps, les diverses observations artistiques, agricoles, commerciales, industrielles, législatives, militaires, politiques, philosophiques, économiques, religieuses, morales, littéraires, dramatiques, sociales, que fait naître la variété des objets qui coloraient par des nuances si tranchées la France de ce temps.

Le XVe siècle (t. III et IV), SIÈCLE DU COMMENCEMENT DE L'INDÉPENDANCE, OU PREMIER RÉVEIL DE LA NATION, nous apparaît dans les PLAINTES DES DIVERS ÉTATS. — Sous cette autre forme, l'auteur, ou plutôt les hommes des diverses classes, des divers états, des diverses professions, des diverses conditions, enfin de toutes les diverses parties de la nation, assis sur leurs massifs bancs de bois qui entouraient le grand feu allumé tous les soirs pour les veillées de l'hôtel de ville, font connaître le pour et le contre de la société du XVe siècle.

Le XVIe siècle (t. V et VI), SIÈCLE DE LA THÉOLOGIE, est compris dans le VOYAGE EN FRANCE D'UN NOBLE CATALAN. — Un noble Espagnol, fidèle aux graves mœurs de son pays, délibère dix ans, s'il partira ; il fait, pendant dix autres ans, les préparatifs de son voyage ; il part enfin ; il passe les Pyrénées, il voit la France, où tous les objets de ce monde nouveau le frappent. Son journal, qui est le fidèle dépositaire de ses étonnements, de ses louanges, de ses blâmes sur tout ce qu'il voit, tout ce qu'il entend, c'est-à-dire sur tout le système social, alors si théologique, si polémique, si sanglant, offre le tableau de ce siècle.

Le XVIIe siècle (t. VII et VIII), SIÈCLE DES ARTS, se développe dans les MÉMOIRES D'UN ENSEIGNE D'INFANTERIE, RÉFORMÉ APRÈS LA PAIX DE RISWICK. — Nous voici parvenus aux belles années de la France, appelées les belles années de Louis XIV. Dans ces temps on faisait la guerre, on faisait la paix. Après celle de Riswick, un jeune officier réformé se trouve trop heureux qu'un bourgeois-gentilhomme, M. Monfranc de Nevers, lui donne place à sa table, comme gouverneur d'une nombreuse famille de jeunes garçons et de jeunes demoiselles. Il convient à l'auteur que M. Monfranc ait des relations avec tous les divers états, que les personnages de ces divers états parlent, agissent ; que le gouverneur, dans ses heures de loisir, ait la fantaisie d'écrire ce qu'il entend, ce qu'il voit ; qu'il en fasse un recueil sous le titre de *Mémoires* : c'est ce qui arrive, et voilà l'histoire du XVIIᵉ siècle.

Le XVIIIᵉ siècle (t. IX et X), le SIÈCLE DES RÉFORMES, dans lequel l'auteur a vécu trente ans, se montrera sous une forme qui est encore le secret de M. Monteil, quoique l'ouvrage, terminé pour la première fois en 1805, porte la griffe et l'autorisation de la censure impériale. Depuis cette époque, M. Monteil refait et retouche sans cesse cette dernière partie de son travail, qui sera la conclusion et le digne couronnement DE L'HISTOIRE DES FRANÇAIS DES DIVERS ÉTATS AUX CINQ DERNIERS SIÈCLES.

Ainsi, le plus savant et le plus ingénieux de nos historiens a élevé ce monument d'une histoire nationale, que les siècles à venir envieront à notre siècle. Ce n'est plus seulement ici l'histoire des rois et des guerriers, comme les vieilles *histoires-batailles* ; c'est l'histoire des nobles, des bourgeois, du peuple, des agriculteurs, des ouvriers, des artistes, des négociants, des marins, des soldats, des ministres, des administrateurs, des financiers, des savants, des écrivains, du clergé, des académies, etc., etc. ; en un mot, L'HISTOIRE DES FRANÇAIS DES DIVERS ÉTATS est l'histoire de tout le monde : chacun voudra donc la posséder, la lire et l'étudier comme son histoire particulière.

Cet ouvrage, commencé en 1827, a été continué à d'assez longs intervalles. MM. les souscripteurs, qui n'ont point encore complété leurs exemplaires, sont prévenus qu'il ne reste plus qu'un très-petit nombre d'exemplaires de cette édition. Chaque siècle se vend séparément.

RÉVOLUTIONS
DES
PEUPLES DU NORD

PAR J.-M. CHOPIN,
Ancien secrétaire du prince Kourakin, ex-ambassadeur de Russie près la cour de France.

4 VOLUMES IN-8°. — PRIX : 52 FRANCS.

L'étude de l'histoire est un des besoins de l'époque ; depuis la biographie jusqu'à l'histoire universelle, tout ce qui a eu une signification dans le passé appelle l'attention des esprits graves. Dans ce grand travail des idées, on sent la nécessité de s'appuyer sur les faits dont l'interprétation judicieuse fournit les seules données du problème social.

Mais la marche des événements, soit dans leur ensemble, soit dans quelque phase spéciale, a été considérée sous divers points de vue : les uns ont vu l'élément civilisateur dans le principe religieux ; d'autres dans la conquête ; ceux-ci dans la vertu législatrice : le système de ceux-là repose sur l'influence des races ; un pinceau savant et spirituel s'est joué au milieu de tous ces systèmes, et, sans toucher à aucun, il a reproduit avec les traits et les couleurs du temps la figure et le caractère des divers états d'un grand peuple.

Tous ces efforts révèlent une tendance générale vers l'histoire philosophique à laquelle, après tant d'essais et de mécomptes, on demande la raison des faits.

Or, la raison des faits étant complexe, non-seulement en ce que comportent les rapports humains, mais parce qu'ils sont en quelque sorte la mesure de l'action providentielle, il est impossible à l'homme de les percevoir nettement dans l'ensemble ; toutefois c'est une belle et grande mission que d'éclairer quelques points de ce théâtre, où tant de générations ont passé pour l'instruction et le bien-être des générations futures.

L'abondance des détails historiques porte l'esprit à généraliser, comme dans la nature physique le nombre infini des individus a nécessité les genres, les classes et les espèces ; le travail et les recherches de l'historien doivent se cacher dans son œuvre ; c'est assez, pour le plus grand nombre des lecteurs, d'arriver par une suite de données authentiques à des conséquences lumineuses et surtout pratiques : un livre ainsi conçu et exécuté ne s'adresserait pas seulement aux hommes de science et de loisir, ce serait un bienfait pour tous ; d'ailleurs il y a souvent moins de difficulté à tout dire qu'à se restreindre à un choix judicieux.

L'histoire des révolutions du Nord est un sujet fécond en graves enseignements, et auquel la prépondérance de la Russie prête tout l'intérêt de l'actualité.

Dès les temps les plus reculés, les peuples septentrionaux ont exercé une puissante influence sur les destinées du monde ; tour à tour et incessamment ils ont détruit pour les régénérer les empires, tandis que le génie de l'Occident a réagi sur ces peuplades barbares et pauvres, que leur énergie poussait instinctivement vers des contrées plus riantes.

Pour pénétrer dans le fond philosophique du sujet, il a fallu consulter les sources originales et étudier le progrès social dans les monuments, les mœurs et les diverses littératures. Il a fallu, tout en négligeant la critique des détails, faire ressortir du caractère de ces peuples la génération des grandes époques historiques, avec leurs effets médiats et immédiats sur la famille européenne.

Puisse ressortir de ce travail cette conséquence : que dans la vie des peuples, certaines vertus comme certains vices tiennent à leur âge, et que, lorsqu'il s'agit de modifier des institutions séculaires, il faut moins s'attacher à donner aux hommes les lois les plus parfaites dans le sens absolu, qu'à les faire jouir de celles que leur tempérament politique les rend capables de supporter.

TABLE ANALYTIQUE.

PREMIER VOLUME.

L'introduction présente un résumé philosophique où l'on retrouve tout le système de l'auteur : le sommaire des chapitres l'indiquera suffisamment.

CHAPITRE PREMIER. — Considérations sur l'homme physique et moral. L'Égypte, la Grèce et Rome, c'est-à-dire la civilisation des anciens, et le monde barbare.

CHAPITRE II. — De l'homme à l'état de nature ; du mariage et de la propriété comme base de la famille ; des premières transactions. Origine de l'esclavage. Pénalité. Constitution de la famille.

CHAPITRE III. — Comment la famille est passée à l'état de tribu. Temps héroïques. Développement du sentiment religieux. Agglomération des tribus. Ce qui a contribué à jeter de l'obscurité sur les origines.

CHAPITRE IV. — Influence de la poésie et de la philosophie sur la civilisation. Des oracles. Signes symboliques : écriture. Causes de la diversité des systèmes. Différentes formes de gouvernement. De la république.

CHAPITRE V. — De la monarchie. Elle est d'abord élective. Des priviléges et de la féodalité. Du pouvoir absolu.

CHAPITRE VI. — Le christianisme. Son influence sur les sociétés.

CHAPITRE VII. — Du commerce; des villes et des associations commerçantes; de la ligue hanséatique.

CHAPITRE VIII. — De la science politique. Progrès de l'esprit humain. Effets des révolutions.

CHAPITRE IX. — De la science historique, depuis Hérodote jusqu'à nos jours. Plan de l'*Histoire des révolutions des peuples du Nord*.

Livre Premier.

CHAPITRE PREMIER. — Aspect général de la Scandinavie et de la Russie. Origines.

CHAPITRE II. — Expéditions des Cimbres.

CHAPITRE III. — Mythologie des Scandinaves.

CHAPITRE IV. — Continuation. Mœurs des Normands. Migration de Hassli. Colonisation de l'Islande.

CHAPITRE V. — Les pirates normands; des peuples qui ont été confondus sous cette dénomination.

CHAPITRE VI. — Caractère de leurs expéditions. État de l'Europe sous les successeurs de Charlemagne.

CHAPITRE VII. — Expédition de Hrolf ou Rollon en Neustrie. Établissement des Normands en Italie, etc.

CHAPITRE VIII. — Les Slaves; leur apparition dans l'histoire; leur mythologie; leurs mœurs. Arrivée de Ruric et des Variagues dans le nord de la Russie. Oleg. Son expédition à Constantinople. Igor, Olga, Sviatoslaf, Yaropolk, Oleg et Vladimir.

CHAPITRE IX. — Introduction du christianisme dans les États scandinaves. Anschaire.

CHAPITRE X. — Introduction du christianisme en Russie. Vladimir.

CHAPITRE XI. — Harald à la dent bleue. Suénon; ses conquêtes en Angleterre. Coup d'œil général sur la situation de l'Europe au commencement du onzième siècle.

DEUXIÈME VOLUME.

CHAPITRE XII. — Olof Skotkonung, premier roi chrétien de la Suède. Ting d'Upsala. Anund. Emund le Vieux. Avénement de la race visigothe au trône de la haute Suède. Principe de la rivalité entre les deux races. Stenkil. Mort de Suénon. Canut le Grand. Il consolide son pouvoir en Angleterre. Code de Canut, connu sous le nom de *Droit de la cour*. Harald, Horde-Canut. Fin de la domination danoise en Angleterre. Magnus de Norwége. Guerre contre Suénon. Harald, frère de saint Olof. Combat naval du Categad. Bataille de Stamford-Bridge. Olof le Pacifique en Norwége. Traité d'alliance entre Suénon et Henri IV, empereur d'Allemagne.

CHAPITRE XIII. — Rapports des Normands avec l'Europe. Les Russes se constituent comme nation. Sviatopolk. Victoires des Polonais. Yaroslaf. Ses conquêtes. Charte de Novgorod. Code de Yaroslaf. Il désigne pour métropolitain de Kief le moine Hilarion. Expédition de ce prince contre Constantinople. Son alliance avec Casimir, roi de Pologne. Mariage de sa fille Anne avec Henri Ier, roi de France. Étendue de la Russie sous le règne d'Yaroslaf. Partage de l'empire entre ses cinq fils. Système des apanages. Mort du grand prince Yaroslaf. Vsévolod, Sviatopolk. Fin des annales de Nestor.

CHAPITRE XIV. — Situation de l'Europe vers la fin du onzième siècle. Les croisades. Les Normands ont modifié le caractère de la féodalité dans tout l'Occident. Canut succède à Harald III en Danemark. Guerre contre les Vandales. Assassinat de Canut surnommé le Saint. Olof. Eric Ier. Établissement de l'archevêché de Lunden. Eric meurt dans l'île de Chypre. Nicolas. Le christianisme pénètre chez les Vandales. Henri, prince des Obotrites prend le titre de roi des Slaves. Canut, duc de Sleswig, lui succède. Il est assassiné par Magnus, fils de Nicolas. L'empereur Lothaire s'immisce dans les querelles du Danemark. Eric II. Eric l'Agneau. Croisade contre les Vandales. Lutte entre Canut et Suénon III. Canut met le Danemark sous la suzeraineté de Frédéric Ier. Guerre contre la Suède. Valdemar se rapproche de Canut. Partage du royaume entre les trois prétendants. Établissement d'un primat en Norwége et en Suède. Valdemar règne seul. Ses expéditions contre les Slaves de la Baltique. Fondation de Copenhague. Ruine d'Arcona, capitale de l'île de Rugen. Les Esthoniens et les Courlandais. Démêlés de Valdemar avec Henri le Lion. Canut lui succède. Guerre contre les Esthoniens. Valdemar II. Hostilités contre la Suède. Établissement des chevaliers Porte-Glaive. Les Russes secourent les Esthoniens contre les Danois. Établissement de Revel. Henri de Schwerin. Captivité de Valdemar. Abaissement du Danemark. Ordre Teutonique. Lubeck. Lois du Jutland. Mort de Valdemar.

Chapitre XV. — Rois de Norwége depuis la fin du onzième siècle jusqu'à Olof, fils de Marguerite (1576).

Chapitre XVI. — Rois de Suède depuis Stenkil jusqu'à l'union de Calmar.

Chapitre XVII. — Troubles politiques et religieux en Danemark. Rois de Danemark jusqu'à Valdemar III inclusivement.

Chapitre XVIII. — Vladimir Monomaque. Guerre entre les princes apanagés. Moscou. Etat de la Russie au commencement du treizième siècle.

Chapitre XIX. — Invasion des Mongols. Alexandre Nevsky. Jean Kalita. Jean Ivanovitch. Dmitri Donski. Vassili. Tamerlan. Royaume de Kazan. Khanat de Crimée. Jean Vassillevitch. Abaissement de Novgorod. Chute de la grande horde. Hostilités des Russes contre les Danois et les Suédois.

Chapitre XX. — Vassili Ivanovitch. Guerre contre la Pologne. Les Tauriens et les Kazanais menacent Moscou. Développement de la puissance des Lithuaniens. Considérations sur la puissance et la chute des Mongols en Russie.

TROISIÈME VOLUME.

Chapitre XXI. — Aperçu général sur l'état de l'Europe au quinzième siècle. Marguerite. Union de Calmar. Henri de Holstein. Le duc Adolphe. Engelbreckt. Charles Knutson Bonde. Christophe. Christiern d'Oldenbourg. Sten Sture. Mort de Christiern.

Chapitre XXII. — Jean est couronné roi de Suède. Svante Sture. Paix avec les villes confédérées. Christiern II. Sten Sture. Entrée de Christiern II à Stockholm.

Chapitre XXIII. — Gustave Vasa. Déposition et fuite de Christiern II. Election de Gustave. La réforme en Suède. Politique de Gustave ; sa mort.

Chapitre XXIV. — Tendances politiques et religieuses de l'Europe au seizième siècle.

Chapitre XXV. — La Lithuanie et la Pologne dans leurs rapports avec la Russie.

Chapitre XXVI. — Jean IV, le Terrible, monte sur le trône. Il prend le titre de Tsar. Sylvestre et Adachef. Prise de Kazan. Relations commerciales des Anglais avec la Russie. Guerre de Livonie.

Etablissement de l'Opritchina. Cruautés du tsar. Proscriptions à Novgorod. Les Tatars brûlent Moscou. Victoire des Russes sur les Tauriens. Continuation de la guerre contre la Suède. Etienne Bathory, roi de Pologne. Succès des Polonais contre les Russes. Conquête de la Sibérie. Féodor. Boris Godounof. Couronnement de Boris. Le faux Dmitri. Son élévation et sa mort. Schouiski. Dissensions en Russie ; guerres contre les Polonais et les Suédois. Skopin. Minin. Pojarski. Michel Romanof.

Chapitre XXVII. — Alexis Mikhaélovitsch. Bogdanko Khmelnicki. Etablissement des Cosaques en Russie. Guerres avec la Pologne et la Suède. Morosof. Nikon. Stenko-Razin. Le code russe (*Rouskaïa Pravda*). Féodor.

Chapitre XXVIII. — Frédéric, roi de Danemark. Priviléges accordés à la noblesse. Christiern III. Guerre contre Lubeck. Prise de Copenhague. La noblesse laïque devient prépondérante. Frédéric II. Expédition contre les Dithmarses. Déposition d'Eric XIV. Il est remplacé en Suède par Jean. Paix de Roschild. Paix de Stettin.

Chapitre XXIX. — Sigismond, fils de Jean, sur le trône de Pologne. Réaction catholique en Suède. Succès des Russes en Ingrie. Sigismond proclamé roi de Suède. Naissance de Gustave-Adolphe. Paix de Teusin. Charles IX. Gustave-Adolphe prince royal. Bataille de Kexholm. Guerre avec le Danemark.

Chapitre XXX. — Gustave-Adolphe. Coup d'œil général sur l'état des affaires en Allemagne. Préludes de la guerre de trente ans. Christiern IV, chef de la ligue protestante. Victoires de Wallenstein et de Tilly. Bataille de Hutter. Siége de Stralsund. Gustave se déclare contre les Impériaux. Paix entre l'Empire et le Danemark. Education et caractère de Gustave-Adolphe. Armistice entre la Suède et la Pologne. Gustave en Allemagne. Alliance de la Suède et de la France. Bataille de Leipsick. Marche de Gustave sur le Rhin. Bataille de Lutzen. Mort de Gustave-Adolphe. Influence de l'intervention suédoise dans la guerre de trente ans.

Le quatrième volume embrasse tout le temps qui s'est écoulé depuis cette double époque jusqu'à nos jours. Il paraîtra le 30 juin prochain.

HISTOIRE DES LETTRES

(Cours de Littérature),

PAR AMÉDÉE DUQUESNEL.

8 gros vol. in-8. — Prix : 60 fr.

Un cours de littérature a pour mission de guider les hommes dans l'étude des grands monuments de l'esprit humain, de suivre le génie depuis son apparition dans les livres saints, aux montagnes de Syrie, jusqu'au développement des derniers siècles de notre Europe, à travers cette Grèce sensuelle et brillante, cette Italie qui n'en est qu'un reflet d'abord, et qui vient, au moyen âge, donner à la poésie un de ses plus beaux noms. On sent quelle foule de détails il faut négliger dans ce vaste enseignement. Il faut s'arrêter sur les grandes têtes, les mettre en relief, et grouper autour de ces astres les petites étoiles qui en reçoivent la lumière. La pensée divine choisit un interprète principal dans chaque siècle, tantôt dans une contrée, tantôt dans une autre. Italien avec Dante, Anglais avec Shakspeare, Français avec Bossuet, l'historien doit abdiquer tout sentiment étroit de patriotisme. Initiant l'homme aux mystères de ces âmes sublimes, il doit élever vers Dieu le cœur de ses semblables, et se prosterner devant celui d'où émane toute beauté comme toute vérité.

La pensée dominante de ce livre est de contribuer à l'éducation religieuse de la génération nouvelle, de suivre dans les livres la trace de Dieu, depuis Moïse jusqu'à nos jours, et de substituer au triste enseignement littéraire de nos jours un enseignement grave et religieux qui forme plus encore le cœur que l'esprit.

C'est donc avec confiance que nous offrons aux pères de famille, aux chefs d'institution, aux petits séminaires et aux collèges cette *Histoire des Lettres* qui est une histoire universelle de la littérature, et que l'auteur a conçue au triple point de vue de la religion, de l'art et de la philosophie.

Les deux premiers volumes, publiés en 1856, embrassent la période qui s'étend depuis Moïse jusqu'à la naissance de Jésus-Christ.

Le troisième est consacré aux cinq premiers siècles du christianisme. L'Évangile, les Actes des Apôtres, les Pères de l'Église, etc.

Le quatrième continue cette seconde période jusqu'au 16ᵉ siècle.

Les tomes cinq et six termineront l'espace compris entre le 16ᵉ et la fin du 18ᵉ siècle. Ils paraîtront à la fin de cette année.

Et les tomes sept et huit, déjà publiés sous le titre du *Travail intellectuel en France*, seront le complément indispensable de cette histoire générale des lettres jusqu'à nos jours.

DU TRAVAIL INTELLECTUEL

EN FRANCE,

Ou Résumé de la Littérature française depuis 1815 jusqu'en 1837,

PAR AMÉDÉE DUQUESNEL.

2 vol. in-8°. — Prix : 15 francs.

Cet ouvrage, qui a obtenu un si légitime succès et qui est arrivé promptement à une deuxième édition, a parfaitement justifié son titre. Il présente un tableau complet de la littérature française contemporaine, depuis la seconde restauration jusqu'à nos jours. L'auteur a déployé dans cette consciencieuse étude du mouvement intellectuel un talent d'écrivain solide et correct, et la sagacité d'un critique judicieux et délicat.

Le travail intellectuel de M. Amédée Duquesnel a été l'objet d'une grande sympathie de la presse périodique. La *Gazette de France* lui a consacré quatre feuilletons. Voici comment elle résume le livre dans le quatrième :

« Un écrivain, déjà connu par son *Histoire des Lettres avant le Christianisme*, homme de conviction et de bonne foi avant tout, a pensé que le temps était venu de traduire sous nos yeux cette époque avec ses agitations, ses luttes et sa physionomie multiple. Il a voulu, comme il le dit lui-même dans sa courte préface, qu'au moment où M. Michel Chevalier publiait un travail sur les intérêts matériels de notre patrie, des intérêts d'un ordre plus relevé trouvassent aussi leur historien.

« M. Duquesnel a divisé en quatre parties principales son histoire du travail intellectuel en France pendant le quart de siècle qui vient de s'écouler. La première comprend la politique ou les diverses théories sociales dont le retentissement dure encore ; la seconde traite de la religion ; la troisième embrasse la philosophie avec les diverses écoles sensualiste, éclectique, catholique ; la quatrième enfin parcourt les différents domaines de la littérature : poésie, théâtre, roman, critique, histoire passée et contemporaine. L'auteur suit pas à pas sur chacun de ces terrains les écrivains qui y ont laissé les traces les plus profondes ; il expose leurs idées par la voie de l'analyse, ou bien il les combat si elles lui paraissent fausses et dangereuses.

« Les parties qui nous ont semblé le mieux traitées sont l'exposition des doctrines de Saint-Simon et de Fourier, la discussion sur le grand ouvrage qui est resté, sauf quelques chapitres, la gloire de l'abbé de La Mennais, et enfin la savante reproduction de ce que renferme de plus substantiel l'*Histoire de la civilisation en France*, par M. Guizot. Ce dernier morceau est écrit avec une chaleur et une verve remarquables ; il est même plus qu'un modèle d'analyse philosophique. Mieux placé que l'historien protestant pour rendre à l'influence de l'élément catholique la part qui lui revient et qui lui a été refusée bien moins par malveillance ou par les réserves de la dissimulation que par l'impossibilité de juger autrement ou de voir de plus haut, le critique élargit ou change quelquefois heureusement le point de vue.

« Nous avons lu attentivement l'ouvrage de M. Duquesnel ; nous avons trouvé que ses jugements ne portent aucune trace de cet esprit de coterie, trop ordinaire de nos jours. Champion de la vérité, il tient sa bannière haute et ferme sans laisser fléchir les principes. A ces hommes que passionne la philanthropie moderne, mais qui, dans leurs projets d'amélioration pour les classes nécessiteuses, oublient de vivifier leurs essais par le principe chrétien, il dit sans détour qu'en dehors de celui-ci il n'y a que vaines promesses et cruelles déceptions.

« Arrivé au domaine de l'art, M. Duquesnel proteste, comme nous l'avons fait nous-même, contre cette étrange indépendance que l'on réclamait pour lui, et prouve que le plaisir n'est qu'une question secondaire dans les œuvres de l'intelligence. L'art est dominé par quelque chose de plus capital. Il est soumis dans sa marche comme dans son but à des règles imprescriptibles. Émanation de la sagesse souveraine, il relève d'elle aussi bien que nos propres facultés. N'est-ce pas d'ailleurs rabaisser étrangement l'homme de talent ou de génie que de lui donner pour mission le plaisir? La question, réduite à ce terme, est décidée. . . . .

« Il serait bon que le conseil royal de l'instruction publique fît adopter cet ouvrage dans les classes de littérature pour ramener à des idées plus sages de jeunes intelligences où se sont réfugiées les creuses théories, condamnées ailleurs et encore débattues dans nos collèges. L'université ne ferait dans cette adoption qu'une œuvre de justice. Elle offrirait sinon un remède aux doctrines que plusieurs de ses membres continuent de mettre en circulation, au moins une protestation judicieuse contre elles. Quand on empoisonne, il faut au moins se hâter de donner l'antidote. »   H. D.

(*Gazette de France*, 24 juillet 1839.)

« Le livre de M. Duquesnel est une suite de portraits critiques et d'appréciations littéraires d'écrivains de notre époque, une étude sur quelques individualités et sur quelques systèmes sociaux et littéraires. Considéré de cette manière, ce livre conquiert à son auteur une place élevée parmi nos critiques.

« M. Duquesnel, pour nous, représente la critique populaire. Moins académique que M. Gustave Planche, moins sonore et moins boursouflé que M. Sainte-Beuve, son style est simple et convient à la tâche d'instruction qu'il se propose; il est plus propre à l'enseignement, il va au plus grand nombre.

« Parmi les diverses parties de son livre qui nous semblent traitées avec un soin et une attention consciencieuse, et qui nous paraissent mériter de grands éloges, nous citerons de préférence la moitié du premier volume consacrée à la définition et à l'explication des diverses théories sociales qui ont vu le jour en France dans ces dernières années. Son travail sur Saint-Simon est une étude remarquable sur la vie et les écrits de ce novateur, ainsi que sur ceux de ses disciples. Il a parfaitement caractérisé l'esprit de cette secte, qui n'a vécu que d'idées émises dans les écrits des philosophes de tous les âges, et qui sans s'être jamais occupée de la vie à venir, de ce que devient l'âme de l'homme quand elle est séparée du corps, a voulu, avec des éléments et des bases politiques, fonder une religion. Nous donnerons les mêmes éloges au travail de M. Duquesnel sur la vie et les ouvrages de Fourier et sur toutes les œuvres qu'ont produites et que produisent encore les disciples de l'école sociétaire.

« Nous signalerons encore dans le livre de M. Duquesnel un article qui nous a paru très-remarquable, sous le double rapport des idées et du style. L'auteur s'occupe de l'éducation française au xixe siècle, et passe en revue tous les divers systèmes et tous les ouvrages qui ont touché à cette importante matière.

« Nous rendons justice à la pensée religieuse qui a présidé à cet article. Nous reconnaissons tout le bénéfice que la jeunesse doit retirer de l'enseignement religieux, tout le bien que les chaires de religion peuvent et doivent faire dans chaque collège. Ces leçons, répandues goutte à goutte, pour ainsi dire, dans le cœur de la jeunesse, auraient une influence précieuse. »

(*Quotidienne*, 20 septembre 1839.)

ÉTUDES
SUR L'ALLEMAGNE
RENFERMANT

Une Histoire de la Peinture Allemande,
PAR ALFRED MICHIELS.

2 vol. in-8°. — Prix: 15 fr.

« Ce livre est un recueil d'études sur Schiller, sur Jean Paul, sur Novalis, Uhland, Hebel, Voss, Rückert, Chamisso, Henri Heine, l'art germanique, le paysage allemand, la vie allemande, sur l'histoire de la peinture en Allemagne, et sur l'architecture gothique de ce pays. Une pensée centrale domine ces fragments et les rallie. Le style ne manque pas de fermeté, de finesse ou d'élégance; la conception générale est hautaine jusqu'au dédain. M. Michiels est un penseur tout à fait à part; ce n'est point un causeur, ni un esprit qui se prodigue avec une facile et trop souvent indulgente confiance. C'est un homme d'études silencieuses, dont la réflexion solitaire a vécu longtemps, sans se mêler au tumulte du bas monde, sur les cimes escarpées de l'intelligence. C'est là qu'il se plaît. Il veut les causes, il remonte aux sources, il respire à l'aise dans la métaphysique. Cette jouissance de la pensée pure et abstraite, dont nous sommes loin de contester le pouvoir, lui fait mépriser la causerie du coin du feu, l'entretien sans façon, l'échange amical de la pensée. Il trouve, et à juste titre, que les jugements modernes sur la littérature et les arts sont incertains, irréguliers, incomplets, contradictoires. Il nous reproche à tous de ne pas remonter aux principes, de manquer de centre commun et de base solide, de ne posséder que des théories inconciliables et hostiles, de ne pas nous entendre, de pérorer au hasard, de nous arrêter aux détails; enfin, d'être complétement de notre siècle et de notre pays. Mais, hâtons-nous de le dire, c'est un penseur, un philosophe et un écrivain, trois titres que nous ne laissons pas tomber au hasard d'une plume indifférente. »

(PHILARÈTE CHASLES, *Journal des Débats*, 29 mai 1840.)

« Un jeune homme doué d'un sentiment exquis du beau, capable de profondes méditations et d'observations fines et judicieuses, dédaigne les leçons d'autrui; il s'élance dans la carrière de l'étude en s'abandonnant à une impétueuse imagination, puis saisissant le bâton du pèlerin, sans souci de l'avenir, il parcourt les villes et les campagnes. Il voyage avec le paysan, s'arrête au cabaret du village, se présente aux plus illustres écrivains et vit dans leur intimité. La nature, l'art, la littérature, les mœurs, sont en quelque sorte pris sur le fait : M. Michiels a de l'enthousiasme pour tout, mais ce n'est pas un enthousiasme aveugle : n'oublions pas qu'il s'est fait, par l'observation même, une théorie du sublime et une théorie du goût; et quiconque aura lu ces deux chapitres, son histoire de la peinture en Allemagne, sa note sur l'art gothique dans le Midi de la France, le choisira, sinon pour maître, du moins pour compagnon, et marchera volontiers avec lui. Personne mieux que lui ne sait animer l'architecture, en ressaisissant la véritable signification des ornements, en ressuscitant la pensée de l'artiste avec un bonheur et une sagacité dont peu de connaisseurs sont capables : à beaucoup de solidité dans les principes, M. Michiels joint une grande facilité à recevoir et à communiquer les impressions les plus diverses, et, comme on l'a dit, il est catholique à la voix de l'airain grondant dans les hauteurs aériennes de l'édifice religieux, il est presque panthéiste en face du génie de Goëthe. Mais il ne lui est jamais arrivé de nous égarer, encore moins de nous tromper, car il s'est rarement trompé lui-même, et surtout il ne nous a jamais ennuyé. Les deux volumes in-octavo sont si vite lus, les parties didactiques sont si bien adaptées aux observations qu'on rencontre dans le cours de l'ouvrage, qu'on relit volontiers le tout après avoir étudié la partie, etc. »

(DE GOLBÉRY, *Revue du dix-neuvième siècle*, 10 mai 1840.)

« Sur tous ses devanciers, M. Michiels nous paraît avoir un avantage incontestable. Il n'a pas seulement voyagé en Allemagne, il y a vécu ; pendant dix-huit mois il s'est fait Allemand. Quant aux dispositions avec lesquelles l'auteur a accompli son voyage à travers l'Allemagne, il nous a semblé avoir cette probité de cœur et d'esprit qui sont l'attribut du premier âge de la vie. Ce n'est point un voyageur systématique qui cherche à combiner ses observations dans l'intérêt d'un certain ordre d'idées; s'il se trompe, du moins il ne cherche pas à tromper, il est de bonne foi dans ses erreurs. Ce n'est pas non plus un touriste insouciant qui ne demande aux nouveaux objets qu'il rencontre que des émotions qui lui soient inconnues ; il voyage dans un but plus sérieux, il observe, il étudie, il élabore ses convictions, il cherche la logique des choses sans être insensible à leur poésie. Enfin, il y a dans sa nature un élan généreux vers l'idéal, un dégoût du réel qui annonce un cœur bien placé, un esprit d'élite. »

(ALFRED NETTEMENT, *Gazette de France*, 23 mars 1840.

Du même Auteur,

POUR PARAITRE LE 30 MAI.

HISTOIRE

DES

IDÉES LITTÉRAIRES EN FRANCE

AU XIXe SIÈCLE,

ET DE LEURS ORIGINES DANS LES SIÈCLES ANTÉRIEURS.

2 volumes in-8º. — Prix ; 15 fr.

LETTRES INÉDITES
DE
M^{ELLE} PHLIPON
(Mme Roland),

ADRESSÉES AUX DEMOISELLES CANNET,

De 1772 à 1780.

2 volumes in-octavo. — Prix : 15 francs.

TRAITÉ
DES MATÉRIAUX MANUSCRITS

De divers genres d'Histoire,

PAR AMANS-ALEXIS MONTEIL.

2e *Édition*. — 2 vol. in-8. — Prix : 15 fr.

Cet ouvrage a arrêté la dilapidation des archives publiques; eh! comment un ouvrage scientifique peut-il arrêter des dilapidations d'archives? En mettant en vente huit ou neuf cents manuscrits dilapidés, en en faisant connaître l'importance historique, le prix commercial. Il le peut aussi en activant les recherches des monuments dilapidés, en faisant pour ainsi dire sonner, le long des marges, aux oreilles des archéographes pauvres, l'argent des ventes. Il le peut en enseignant l'art de déchiffrer, de conserver, de classifier les titres; et d'ailleurs il le peut, puisqu'il l'a fait, car c'est depuis la date de ce traité qu'on ne voit plus chez les épiciers, les relieurs, les batteurs d'or, d'épais cahiers de parchemin, de vélin contenant, entre autres, des comptes de recette et de dépense les plus anciens, les plus historiques, les plus précieux. J'entends qu'on me dit : Mais ce n'est pas ce livre, ce sont les commissaires envoyés par le gouvernement pour faire inventorier partout les anciens documents, les anciens manuscrits. Bon, vous dirai-je à mon tour; eh! de quelle date sont leurs commissions? la première édition de ce livre est de 1835. On peut encore considérer ce traité comme une histoire des diverses parties de l'ordre social, faite par monuments rangés sous un ordre alphabétique : agriculture, arts mécaniques, art militaire..., chemins..., commerce, etc., où l'on apprend, comme plusieurs archivistes de département l'ont écrit à l'auteur, à tout apprécier, où l'on apprend aussi à tout conserver pour l'histoire des familles, des villages, des corporations, des professions qu'on y enseigne à faire. Ce livre est d'ailleurs souvent cité dans les vingt mille notes de l'Histoire des Français des divers états dont il est le complément. L'auteur a senti que bien des personnes auraient besoin de cet ouvrage et n'auraient pas de fonds disponibles pour en faire l'achat. Il a pris des arrangements pour que le prix fût au-dessous de la moitié pour les conservateurs de dépôts, les bibliothécaires, les archivistes, les gens de lettres, jeunes ou pauvres. Il est sans doute beaucoup de livres plus prônés, plus chers ; il n'en est pas beaucoup de plus utiles.

ROMANS.

AYMÉ VERD,

ROMAN INÉDIT

De Sir Walter Scott.

AVEC UNE LETTRE DU CAPITAINE CLUTTERBURCK.

Nous sommes heureux d'annoncer la publication de cette œuvre posthume de l'auteur d'IVANHOÉ. Le précieux manuscrit d'AYMÉ VERD, écrit en entier de la main de Walter Scott, nous a été confié il y a six mois par lord P......, son propriétaire actuel. Il a été trouvé, comme celui d'ALLAN CAMÉRON, parmi les papiers provenant de la succession du riche bibliomane sir James Gordon. Ce qui ajoute pour nous à l'intérêt de cette découverte, c'est que la scène de ce nouveau roman est placée dans une des contrées les plus pittoresques de la France, et qu'on y voit une peinture des vieilles mœurs de notre pays, telles qu'elles étaient un siècle après l'excursion de QUENTIN DURWARD sur le continent.

SOUS PRESSE:

LA 2ᵉ ÉDITION

D'ALLAN CAMÉRON,

ROMAN DE SIR WALTER SCOTT.

2 vol. in-8. — Prix : 15 fr.

ÉTUDES
SUR LA BRETAGNE

Série de Romans historiques,

PAR PITRE-CHEVALIER,

Nous publions, sous ce titre collectif, une série de romans qui doivent embrasser toutes les particularités de la Bretagne, au triple point de vue de l'histoire, des mœurs et du pays. C'est dire assez que ces romans ne sont pas uniquement historiques, dans le sens étroit et faux que les mauvaises imitations de Walter Scott ont fait attacher à cette expression. Appliquant le système de l'immortel romancier de l'Écosse dans toute son étendue, le romancier de la Bretagne fera connaître en détail cette curieuse et belle partie de la France, cette fameuse race bretonne et ses divers caractères, si mal ou si incomplètement appréciés jusqu'à ce jour ! Ajoutons que l'obligation d'attacher et d'amuser le lecteur par le tissu de la fable et les ressorts du drame ne poussera jamais l'auteur hors des limites de la morale la plus pure, et que ses romans auront du moins ce rapport avec ceux de Walter Scott, qu'ils pourront intéresser tout le monde sans faire rougir personne. Les travaux si distingués déjà et la juste réputation de M. Pitre-Chevalier sont une garantie suffisante, d'ailleurs, des nobles pensées et du style excellent qui sont le cachet de son œuvre capitale.

La série des *Études sur la Bretagne* comprend sept romans, dont chacun forme un ouvrage à part, et qui paraissent sans interruption dans l'ordre suivant :

JEANNE DE MONTFORT (époque guerrière, 1342).

MICHEL COLUMB, le Tailleur d'Images (époque des arts, 1490).

ALIÉNOR, prieure de Lok-Maria (époque de la ligue 1594).

CONAN-LE-TÊTU (époque maritime, 1694).

MADEMOISELLE DE KERSAC (époque révolutionnaire, 1793).

ALIX-LES-YEUX-BLEUS (mœurs actuelles 1840).

FÉES ET REVENANTS (traditions fantastiques).

EN VENTE.

JEANNE DE MONTFORT,

(ÉPOQUE GUERRIÈRE, 1342),

RÈGNE DE PHILIPPE DE VALOIS.

2ᵉ ÉDITION.

2 volumes in-8. — Prix : 15 francs.

Dans ce premier roman, M. Pitre-Chevalier prend la Bretagne à l'apogée de sa gloire, au moment où elle défend sa vieille indépendance contre l'ambition de Philippe de Valois. Les personnages historiques de son drame sont : le cruel et sombre Philippe VI; le galant et ambitieux Edouard, roi d'Angleterre; le pieux et infortuné Charles de Blois; Jeanne de Penthièvre, dite la Boiteuse; tous les héros et tous les chevaliers de cette brillante époque guerrière; et enfin cette illustre et belle *Jeanne de Montfort*, héroïne conjugale et maternelle, qui défendit, l'épée à la main, les droits de son mari et de son enfant. A ces personnages réels, l'auteur en a joint plusieurs de son invention qui assombrissent ou égayent heureusement les scènes variées de son livre, et font connaître dans tous ses détails le caractère breton au quatorzième siècle. Il faut avoir lu *Jeanne de Montfort* pour se figurer l'intérêt puissant qu'elle inspire, intérêt qui s'accroît encore singulièrement par les curieux rapports de cette histoire avec l'épisode le plus dramatique de notre dernière révolution.

MICHEL COLUMB

LE TAILLEUR D'IMAGES,

(Époque des Arts, 1490).

RÈGNES DE CHARLES VIII ET DE LOUIS XII.

2ᵉ ÉDITION.

2 volumes in-8. — Prix : 15 francs.

Ce second roman montre la Bretagne déchue de sa grandeur primitive. On voit la tête de la nation, ou les seigneurs, se tourner peu à peu vers la France, tandis que les pieds, ou le peuple, restent encore attachés au pays. Tous les instincts de ce grand peuple se trouvent résumés dans *Michel Columb*, qui représente en outre un type inconnu jusqu'ici : l'Artiste breton à la fin du XVᵉ siècle.

Tous les journaux de Paris et les journaux les plus importants de la province se sont préoccupés du mérite et du succès des *Études sur la Bretagne* de M. Pitre-Chevalier. Les morceaux suivants, extraits de comptes rendus développés, prouveront que la critique n'a eu qu'une voix pour placer *Jeanne de Montfort* et *Michel Columb* au premier rang des livres publiés de nos jours.

« En publiant ces romans, M. Pitre-Chevalier a eu pour double but d'intéresser par des fictions liées aux faits d'une grande époque historique, et d'instruire par le tableau des mœurs et des arts au moyen âge dans une contrée célèbre. Cette partie sérieuse de sa tâche a été remplie avec le soin le plus consciencieux, et dans une mesure qui a permis à l'auteur de montrer toute son érudition en archéologie, sans jamais s'écarter des règles de composition du romancier... Par exemple, en dirigeant les pérégrinations artistiques de son héros de Saint-Pol de Léon à Nantes à travers les cinq évêchés de la Bretagne, l'auteur a trouvé le cadre le plus avantageux pour énumérer, en les caractérisant par quelques mots, toutes les richesses archéologiques du vieux duché de François II...

« Quelques mots empruntés à la préface de l'auteur nous serviront de texte pour résumer notre opinion sur ses beaux ouvrages.
« Quant au système littéraire appliqué à ces *Études*, dit-il, je n'ai
« qu'un mot à en dire : la Bretagne est à la France ce que l'Écosse
« est à l'Angleterre ; le romancier de la Bretagne ne pouvait
« choisir un autre modèle que le romancier de l'Écosse. »

« L'auteur a le droit d'établir cette comparaison et de se rendre à soi-même ce témoignage. Nous ne croyons pas que jusqu'ici Walter Scott ait eu en France d'émule qui l'ait mieux compris, et qui ait plus dignement marché sur ses traces. A l'exemple du barde d'Abbotsford, M. Pitre-Chevalier ne compromet jamais la dignité de l'histoire, en sacrifiant ses grandes réalités aux capricieuses combinaisons du roman. Comme lui, il sait émouvoir le cœur, sans jamais méconnaître les exigences de la morale, ni les règles du goût ; comme lui, il reste toujours dans la vérité de l'art qui prend sa source dans les lois de la nature. Le jeune auteur se flatte qu'après avoir lu ses ouvrages, on dira : Ce sont des livres dont il reste quelque chose. Nous dirons à notre tour qu'il en reste du plaisir et de l'instruction. *Omne tulit punctum.* »

P.-A. VIEILLARD. (*Moniteur Universel* du 29 août 1841.)

« Plus d'une fois déjà, et tout récemment encore, nous avons appelé l'attention du public sur le talent de M. Pitre-Chevalier, auteur du beau roman de *Jeanne de Montfort*. Poursuivant avec persévérance la publication de ses romans historiques sur la Bretagne, M. Pitre-Chevalier vient de faire paraître un ouvrage qui marque encore un progrès dans ses études et dans son style. *Michel Columb, le tailleur d'Images*, offre le tableau fidèle de la Bretagne à l'époque des arts et de la décadence, sous les règnes de Charles VIII et de Louis XII. Outre la figure tout originale de son héros, l'auteur fait mouvoir dans une fable attachante les figures nobles et charmantes du duc François II, d'Anne de Bretagne, sa fille ; du célèbre duc d'Orléans, de madame de Beaujeu, des ducs de Rohan et de vingt autres seigneurs français et bretons, dont les noms sont encore dignement portés aujourd'hui par leurs descendants. L'histoire du grand sculpteur Michel Columb est justement dédiée au grand peintre Paul Delaroche..... »

(*Journal des Débats* du 2 avril 1841.)

« Poursuivant avec autant de talent que de persévérance le cours de ses études historiques sur la Bretagne, M. Pitre-Chevalier vient de publier un deuxième roman, *Michel Columb,* qui ne le cède en rien à *Jeanne de Montfort,* sous le rapport de l'exactitude des faits, de l'élévation de la morale, et qui marque encore un progrès notable chez l'auteur, sous le rapport de l'intérêt et du style. *Michel Columb* offre le tableau vraiment original et inconnu de la vie de ces pauvres et sublimes artistes du moyen âge, qui empruntaient à la Foi des inspirations si admirables, et dont la sculpture du magnifique tombeau des Carmes à Nantes est la personnification la plus complète et la plus intéressante. M. Pitre-Chevalier a tenté pour la Bretagne ce que Walter Scott a fait avec tant de gloire pour l'Ecosse. Nous avons applaudi à ses premiers efforts, nos encouragements ne manqueront pas à cette deuxième tentative pour rendre attachantes et populaires les chroniques de son pays : *Domestica facta.* . . . .

« Nous l'avons déjà reconnu, M. Pitre-Chevalier a la première des qualités nécessaires au romancier historique : *l'amour de la patrie.* L'amour de la patrie, voilà la grande, la seule inspiration qui puisse le faire arriver heureusement à la solution de ce problème que se pose le lecteur aux premières pages d'un roman historique : la patience du savant éteindra-t-elle la chaleur du poëte ? l'imagination du poëte ne doit-elle pas égarer la bonne foi de l'historien ?

« *Michel Columb,* la critique doit le reconnaître, est un bon livre, qui tient toutes les promesses faites par *Jeanne de Montfort.* Vienne *Aliénor de Lok-Maria* (c'est sous ce titre que M. Pitre-Chevalier doit peindre la Bretagne à l'époque de la Ligue), et nous, qui avons tant de plaisir à enregistrer les bons et légitimes succès, nous nous écrierons :

. . . . . Et de trois.
Quand nous serons à cinq, nous ferons une croix.

C'est *sept* qu'il faudrait dans le vers, car cette série d'*Études sur la Bretagne* doit fournir sept romans à M. Pitre-Chevalier, et nous sommes persuadé que les cinq qui restent à paraître seront dignes de leurs deux aînés. »

BRISSET. (*Gazette de France* du 17 juin 1841.)

«M. Pitre-Chevalier essaye de faire pour la Bretagne ce que l'auteur des *Puritains d'Ecosse* a si heureusement réalisé pour son pays. Certes, la Bretagne mérite bien un pareil dévouement de la part d'un de ses enfants. Le patriotisme ne manque pas à M. Pitre-Chevalier ; nous pensons que la persévérance ne lui fera pas défaut ; et quant au talent, il en a assez pour faire l'orgueil de ses amis et le désespoir de ses ennemis ; nous disons de ses ennemis, car dès qu'un rayon de gloire vient à luire, on aperçoit à sa clarté et dans sa direction une foule d'insectes comme dans les rayons du soleil. Si les insectes avaient je ne dis pas du cœur, mais simplement un tout petit peu d'esprit, ils béniraient le rayon qui les met en lumière. . . . .

«*Jeanne de Montfort* représente l'époque guerrière de la Bretagne. On voit tous ces fiers chevaliers se précipiter dans la mêlée avec un enthousiasme qui n'est égalé que par l'opiniâtreté de leur dévouement. La peinture des mœurs se mêle aux récits de batailles homériques. Les coutumes les plus touchantes ou les plus grotesques s'encadrent dans les scènes les plus palpitantes pour les expliquer et les tempérer à la fois par un contraste riant ou gracieux. La fable grimpe autour du tronc noueux et sévère de l'histoire, non pour l'écraser de végétations parasites, mais pour l'orner et en masquer les creux élargis par les années. L'héroïne Jeanne n'est pas seulement la femme forte que nous connaissions déjà, c'est une femme au cœur de mère et d'amante. M. Chevalier lui a restitué toutes les grâces cachées dans son sexe, en lui laissant ce caractère indomptable que lui donnent les chroniqueurs. Je lui sais gré d'en avoir fait une femme et non pas un homme déguisé en amazone...

« Tel est le monument que M. Chevalier veut bâtir ; qu'il en polisse scrupuleusement les matériaux ; et la beauté des détails venant rehausser la majesté de l'ensemble, ce monument défiera les années et l'envie, comme ces pierres druidiques de son pays, que les bras énervés des hommes de nos jours sont impuissants à remuer. »

J. OTTAVI. (*Messager* du 28 février 1840.)

« Telle est l'analyse imparfaite de *Jeanne de Montfort*, ouvrage remarquable à juste titre, et qui ne peut manquer d'avoir un grand et légitime succès...

« Les caractères principaux de *Jeanne de Montfort* sont hardiment dessinés, le style est correct et presque toujous, élégant. C'est, en un mot, une œuvre de conscience. . . . .

« . . . . Le roman de M. Pitre-Chevalier est un magnifique tableau de la vieille Armorique. Ses pages sont remplies de ces merveilleux coups d'épée qui plaisaient tant à madame de Sévigné. »   J. TAILHAN. (*Univers* du 22 décembre 1839.)

« L'histoire contée par M. Pitre-Chevalier dans *Jeanne de Montfort* est des plus intéressantes. Les sentiments combattus de son héroïne, pour Hugues de Caverley, l'affection chevaleresque et dévouée de ce loyal baron ; le réseau d'intrigues ourdies sous les pas de la comtesse par un banquier juif, Samuel Tudez, autre amoureux que le désespoir conduit au suicide ; le rôle du baron de Spinefort, dont la fidélité à la cause du comte supporte les plus rudes épreuves, même les soupçons de trahison ; ce sont là les éléments d'une narration fort attachante...

« ...Somme toute, c'est là une charmante lecture de famille, qui n'enfreint ni les lois du goût, ni les préceptes de la morale. »

OLD NICK. (*Commerce* du 27 décembre 1839.

« Nous ne dirons pas que M. Pitre-Chevalier a toujours et partout égalé Walter Scott, son modèle ; nous pouvons dire cependant qu'il en a souvent approché de fort près, et qu'à son exemple, il s'est attaché à ne porter aucune atteinte aux lois de la religion et de la morale.

« Nourri de fortes études, doué d'une imagination fertile, mais réglée, il a pu nous donner, dans un style correct, clair, rapide, naturel, des récits curieux dont l'intérêt va toujours croissant de volume en volume. »

(*Le Breton de Nantes* du 25 juin 1841.)

« Ce n'est ici que l'analyse matérielle et nue du livre de M. Pitre-Chevalier. Nous avons omis de signaler par quels liens secrets, par quels ressorts habilement combinés, par quel travail de passions contraires, l'intrigue s'enchaîne, se développe et marche d'un pas rapide sans entraves, et à travers des scènes tantôt vigoureuses, tantôt pathétiques, au dénoûment que l'histoire indiquait. Bien que le roman de *Jeanne de Montfort* trahisse évidemment l'intention, exprimée du reste par l'auteur lui-même, de personnifier la Bretagne armée en guerre, une place assez large a été réservée à la peinture des mœurs locales, et M. Pitre-Chevalier a profité des nombreuses trèves que lui laissait cette bataille de quinze années pour nous conduire au fond des châteaux silencieux, soulever le voile qui recouvrait le front mâle et austère de ses héros, et nous montrer leurs cœurs palpitants sous leurs rudes cuirasses de fer. »

Molé-Gentilhomme. (*Journal de Paris* du 15 décembre 1839.)

« L'auteur, j'en suis sûr, doit charmer les femmes du beau monde, avec son ingénieux assortiment de différents amours honnêtes, au moyen desquels le sire de Caverley aime en même temps, d'une certaine manière, *Jeanne de Montfort*, et la toute jeune veuve Anne-Marie de Kergorlay, d'une autre manière.

« L'auteur a aussi un assortiment de caractères et de portraits qui vivifient et colorent toutes ses pages. Que ne m'a-t-on donné assez d'espace pour porter ici la large et belle figure du vieux baron de Spinefort, qui terrifie tout à côté celle du traître juif Samuel Tudez, dont le cœur impur, l'âme métallique (j'emploie la belle expression de M. Pitre-Chevalier) brûle pour Jeanne de Montfort, qu'il veut faire descendre, entraîner jusqu'à lui, au prix de son époux, de son fils et de la Bretagne. Je voudrais y porter aussi celle de cette Anne-Marie de Kergorlay, amante et fiancée du sire de Caverley, etc.

. . . . »

A.-A. Monteil. (*Journal Général de France* du 29 février 1840.)

« M. Pitre-Chevalier a fait de cet humble artiste, *Michel Columb*, un fils naturel du duc François II, un frère de cette duchesse Anne qui a ajouté à la couronne de France un de ses plus beaux diamants. C'est un devoir pieux qu'accomplit Michel en créant, d'après les ordres de sa sœur, ce superbe tombeau. M. Pitre-Chevalier, sans s'éloigner de l'histoire, si ce n'est dans cette combinaison dramatique, a composé une étude pleine d'intérêt, et qui forme avec *Jeanne de Montfort*, roman déjà publié par l'auteur, le commencement d'une intéressante série sur les mœurs de la Bretagne. Il poursuit avec activité cette entreprise, grâce au concours intelligent de M. Coquebert, éditeur courageux et persévérant, auquel on est redevable de l'admirable *Histoire des Français* de M. Amans-Alexis Monteil. »

Hip. Lucas. (*Courrier Français* du 30 avril 1841.)

« L'imagination de l'écrivain avait un grand rôle à remplir pour placer *Michel Columb*, le tailleur d'images, dans les conditions d'un héros de roman, et M. Pitre-Chevalier s'est donné en conséquence pleine liberté.

. . . .

« Dans le second volume, s'ouvre une action toute nouvelle. Un drame de vie privée s'empare entièrement de la scène, et certes le lecteur ne s'en plaindra pas, car on y trouve tous les éléments d'un drame bien conditionné. Coups de théâtre, péripéties qui tiennent sans cesse le public en haleine... le tout terminé par la mort tragique du vicomte de Rohan... Nous ne serions pas étonné que quelques-uns de nos dramaturges s'emparassent de cette partie du roman de M. Pitre-Chevalier, comme d'une source féconde d'émotions, qui leur épargnerait des frais de génie... L'histoire de la belle Annaïk nous a fort heureusement abrégé les heures de la détention disciplinaire par laquelle l'état-major de la milice citoyenne nous a fait solenniser, ainsi qu'à bon nombre d'autres *chers camarades* les fêtes de la Saint-Philippe... Pour notre part, grand merci donc à l'auteur.

. . . .

« Un autre mérite de *Michel Columb*, auquel nous attachons peut-être un prix plus grand, parce qu'il se rencontre moins souvent, aujourd'hui surtout, c'est la consciencieuse étude empreinte dans une foule de détails d'art et de mœurs fort curieux. Nous citerons, par exemple, dans le premier volume, le tableau de *l'Hôtel des Beaux-Arts*, où se réunissent les diverses corporations des artistes et artisans de la Bretagne. De *Jeanne de Montfort* à *Michel Columb*, nous trouvons un progrès sensible, qui est du meilleur augure pour la suite de romans bretons que nous promet M. Pitre-Chevalier : c'est là une œuvre toute filiale, à laquelle ne doivent manquer ni les encouragements ni le succès. »

Th. Muret. (*Quotidienne* du 26 mai 1841.)

« M. Pitre-Chevalier vient de publier le second ouvrage de la série d'études historiques sur la Bretagne, commencée par *Jeanne de Montfort*, il y a dix-huit mois. *Michel Columb* dénote un progrès manifeste. Le plan est mieux ordonné, les faits se succèdent plus vivement et s'enchevêtrent mieux ; l'intérêt est beaucoup plus soutenu. Dans *Michel Columb*, de sérieuses recherches ont précédé la composition de l'œuvre. Les mœurs du quinzième siècle sont fidèlement reproduites, coutumes, préjugés, architecture, vêtements, aspect des lieux, tout a été étudié. L'auteur a voulu vivre de la vie de ses héros, il s'est transporté par la science dans ces temps à jamais évanouis. Son roman y a gagné sous bien des rapports ; on voit parfaitement le milieu dans lequel se meuvent les enfants de son imagination : les tours, les villes, les châteaux, les monastères, les cathédrales se relèvent du sein de leurs ruines. Les forêts, détruites par le commerce et la civilisation, balancent de nouveau leurs mobiles coupoles autour des forteresses immobiles. Et cependant la description n'empiète pas sur l'action ; les événements, fort bien inventés, se succèdent avec une rapidité, une précision et une **vraisemblance remarquables**... . . . .

« Nous serions donc bien étonné que ce livre n'obtînt pas un grand succès; il plaira, il amusera, il touchera. Que M. Pitre-Chevalier poursuive; il est consolant de voir combien l'homme peut se perfectionner par le travail, et qu'en aucun genre d'occupation, la persévérance ne manque de porter ses fruits. Il lui reste maintenant à condenser son style, à obtenir de plus grands effets dans la même voie, et il faut espérer qu'il ne renoncera point à se dépasser de nouveau. »

ALFRED MICHIELS. — (*France littéraire* de mai 1841.)

« Au-dessus de la Bretagne, aujourd'hui divisée en cantons et en communes, sillonnée de diligences et de gendarmes tout comme le reste de la France, par-dessus ces paysans, si voisins encore de la barbarie, il existe dans les airs et dans les brumes du soir, une autre peuplade idéale : fantômes, larves, superstitions, croyances populaires, suspendues entre le ciel et la terre, flottant aux rameaux des vieux chênes, qu'aucun souffle n'a pu chasser encore.

« Elles s'en iront sans doute un jour, elles s'en vont peut-être déjà. Légendes poétiques des siècles passés, terreurs de nos aïeux, ballades chantées par la vieille mère, le soir, dans l'âtre de la cheminée, pendant que que la résine brûlait et que le fuseau tournait et ronflait entre les doigts des fileuses, tout cela pouvait tomber et s'engloutir au fond des âges, comme sont tombées et se sont englouties les coutumes et les croyances de ceux qui plantèrent une forêt de dolmens dans les champs de Carnac. Heureusement qu'il existe aujourd'hui des romanciers pour conserver à l'humanité la portion la plus intéressante de son histoire, que les historiens n'ont jamais eu le bon esprit de conserver.

« Parmi ces romanciers, hâtons-nous de citer M. Pitre-Chevalier. Depuis quelques années, il a entrepris, avec une piété filiale et avec un véritable talent, la restauration des chroniques et des gloires de la Bretagne. Le roman de *Michel Columb* restitue à celle-ci la grande et légitime part qui lui revient dans l'art du moyen âge et surtout de la renaissance.

« Le roman de M. Pitre-Chevalier est jeté au centre de l'époque la plus dramatique et la plus importante de la Bretagne ; au moment où la royauté, nous voulons dire la nationalité française, dévore, absorbe l'une après l'autre toutes les principautés éparses, toutes les nationalités diverses. Duel immense, heureusement terminé pour la philosophie de l'histoire, pour la grandeur et l'unité de la France, mais où l'intérêt se reporte tout naturellement vers les vaincus.

« Ce qu'il y a de certain, c'est qu'avant cinquante ans il n'y aura plus en Bretagne ni croyances superstitieuses, peut-être même religieuses, ni longs cheveux, ni chapeaux larges, ni sabots, ni croix aux carrefours des chemins. Il y aura sans doute toujours les chaumières et la misère ; mais pour apprendre à la supporter plus commodément, on aura la lecture des philosophes et des journaux.

« Alors, quand on voudra remonter vers la vie passée de la vieille terre celtique, connaître ce qui fit son originalité et sa poésie parmi nous, il faudra bien aller chercher tout cela dans le roman de M. Pitre-Chevalier.

« *Michel Columb*, comme forme et conduite d'action, nous semble préférable à tous les romans précédents de l'auteur. Cela est un bon signe. Nous aimons, pour notre part, à voir les meilleures œuvres les dernières en date. Allons, sacristain, un coup de cloche à notre paroisse, nous avons à baptiser aujourd'hui un nouveau talent. »

Un Inconnu. (*Presse* du 7 juillet 1841.)

POUR PARAITRE LE 50 MAI COURANT.

ALIÉNOR,

PRIEURE

DE LOK-MARIA

(Époque de la Ligue, 1594).

RÈGNE DE HENRI IV.

2 volumes in-8. — Prix : 15 francs.

Dans ce troisième roman, pour lequel il a fait un voyage spécial en Cornouaille, M. Pitre-Chevalier représente la Bretagne au point de vue religieux, à l'époque si curieuse et si dramatique de la Ligue. Là se continue encore, sous une nouvelle forme, cette grande lutte entre l'Armorique et la France, la première personnifiée dans le duc et la duchesse de Mercœur, le célèbre partisan La Fontenelle, Lanoue-Bras-de-Fer et les ligueurs de la Bretagne; et la seconde ayant déjà à sa tête le Béarnais qui devait immortaliser le nom de Henri IV.

CONAN-LE-TÊTU paraîtra le 15 septembre prochain.

LES

ENFANTS DE PARIS,

Par Émile Vander-Burch.

SÉRIE DE ROMANS DE MŒURS PARISIENNES.

....*Domestica facta.*

Nous racontons, dans cette série de romans, les aventures réelles de quelques-uns de nos enfants de Paris, dont l'histoire est *véridique*, brodée seulement de quelques détails empruntés à la fiction. Notre but, tout en amusant nos lecteurs, est de prouver cette vérité toute simple : que l'éducation est l'homme aujourd'hui, et que, comme l'a dit Fénelon, la jeunesse est la fleur de toute une nation. C'est dans la fleur que l'on doit préparer le fruit.

L'Armoire de Fer, histoire d'avant-hier.
Zizi, Zozo et Zaza, histoire de trois Étages.
Le Panier à Salade, histoire de soixante-sept Maisons.
La Maison Maudite, histoire de cent Ans.
Le Brevet d'Invention, histoire d'une savonnette.
L'Homme de Paille, histoire d'un fainéant.
Le Général Polichinelle, histoire de huit Révolutions.

EN VENTE :

L'ARMOIRE DE FER, 2 vol. in-8 . . . . 15 fr.
ZIZI, ZOZO et ZAZA, 2 vol. in-8 15
LE PANIER A SALADE, 2 vol. in-8 15

La **MAISON MAUDITE** paraîtra le 15 septembre prochain.

Romans de la Vie réelle,

PAR EMILE SOUVESTRE.

Dans cette œuvre, à laquelle *Riche et Pauvre* et *l'Homme et l'Argent* servent d'introduction, l'auteur veut embrasser l'étude de toutes les classes de notre société actuelle, il fera paraître successivement sur la scène l'ouvrier, l'homme politique, l'artiste, le fonctionnaire public, le professeur, etc. ; il montrera ce qu'il y a, au fond de chacune de ces existences, de comédie bouffonne, de drame poignant et d'enseignements profonds, et conclura par un dernier livre, *Kergarantèz*, qui sera comme la conclusion philosophique de son travail.

Cette série d'études se composera de huit romans dont nous donnons ici les titres :

Riche et Pauvre.
L'Homme et l'Argent.
La Goutte d'Eau.
Le Mât de Cocagne.

Les Deux Misères.
La Vocation.
La Boîte de Pandore.
Kergarantèz.

EN VENTE :

L'HOMME ET L'ARGENT, | **LA GOUTTE D'EAU,**
2 vol. — Prix : 15 fr. | 2 vol. in-8. — Prix : 15 fr.

ET

Riche et Pauvre.

Nouvelle édition revue et corrigée. 2 vol. in-8. — Prix : 15 fr.

POUR PARAITRE LE 15 JUILLET.

LE MAT DE COCAGNE.

2 vol. in-8. — Prix : 15 fr.

Sous Presse :

LES DERNIERS BRETONS.

Par le même Auteur.

NOUVELLE ÉDITION REVUE ET CORRIGÉE.
2 vol. in-8°. — Prix : 15 fr.

ROMANS AMÉRICAINS,

Par Brockden Brown.

Les œuvres de Brockden Brown sont à peu près inconnues en France. Le succès qu'elles ont obtenu aux Etats-Unis et en Angleterre nous a engagé à les publier. Ce sont des romans de la vie privée, où les mœurs américaines sont peintes sous un jour poétique et fidèle à la fois. Jamais peut-être le talent de l'analyse, la vérité des descriptions, l'art d'intéresser vivement avec des effets simples et naturels, n'ont été poussés plus loin.

Brockden Brown excelle surtout à tenir le lecteur en haleine, à le mener de surprise en surprise, de terreur en terreur jusqu'à la conclusion de ses drames. L'homme le plus aguerri aux fictions des conteurs ne peut s'empêcher de pâlir et de frissonner en suivant ses héros dans une foule d'aventures qui semblent d'abord inexplicables, mais qui s'expliquent d'elles-mêmes quand on arrive au dénoûment. Le plus grand éloge que nous puissions faire du romancier américain est d'ajouter que Walter Scott et Cooper n'ont pas dédaigné de lui emprunter quelques-unes de leurs plus belles figures et de leurs scènes les plus dramatiques.

Voici comment une revue anglaise, *l'Attic Miscellany*, s'exprime au sujet de cet écrivain d'élite :

« Brockden Brown est l'imitateur et le rival de Godwin qui l'appelle, dans sa préface de *Mandeville*, un homme d'un génie remarquable. Brown a adopté le style de l'auteur de *Caleb-Williams*. Il paraît en outre, à l'exemple de l'auteur anglais, se proposer, dans tous ses écrits, un but moral et philosophique..... A cela néanmoins se borne la ressemblance. Pour tout le reste Brown devient un sublime original (*a gigantic original*). Ses romans offrent une suite d'incidents romanesques qui éveillent au plus haut degré l'attention du lecteur. Ce sont, en général, des événements fort simples de la vie commune, mais dont les moindres détails frappent par leur vérité et leur naturel ; des aventures mystérieuses au milieu des vastes solitudes, des savanes désertes, des forêts vierges de l'Amérique, sur des montagnes inaccessibles, dans les profondeurs les plus cachées de la terre. On s'aperçoit, en lisant les œuvres de Brown, qu'il était plus jeune que Godwin. Son imagination est inépuisable. Il a passé ses premières années dans la maison d'un émigrant américain, au milieu des bois ; dans ces solitudes, l'apparition d'un visage étranger est un événement qui alimente la curiosité pendant des semaines entières. Brown, assis au coin du feu, était accoutumé à tressaillir en entendant un bruit de pas dans la maison abandonnée par ses habitants. Il a su tirer des effets saisissants de circonstances semblables, par exemple de lumières qui apparaissent tout à coup au milieu de l'ombre, de figures qui se montrent dans un miroir où l'on ne cherchait à voir que son visage.

« Brown vous fait dresser les cheveux sur la tête en vous montrant un cadavre qu'on ensevelit au milieu de la nuit, ou un somnambule qui se promène sous un arbre loin de toute habitation. La perte d'une clef devient quelquefois un incident terrible sous la plume de l'auteur américain. Jamais, d'ailleurs, on n'a décrit les vastes contrées du nouveau monde au milieu desquelles il vivait. Comme romancier il a certainement droit à un rang élevé, même parmi les écrivains dont s'honore l'Angleterre. »

Nous avons fait précéder *Wieland*, la première des œuvres de Brockden Brown, d'une notice où l'on trouvera quelques détails sur cet homme singulier.

On pourra aussi consulter la *Revue Britannique* du mois de septembre 1840, où se trouve un excellent travail de critique et de biographie sur le romancier pensylvanien.

EN VENTE :
WIELAND OU LA VOIX MYSTÉRIEUSE
(Wieland, or the mysterious Voice).
AVEC UNE NOTICE SUR L'AUTEUR.
2 volumes in-8. — Prix : 15 francs.

La *Revue Britannique* résume ainsi son analyse de *Wieland* :
« Brown avait donc, avec un merveilleux instinct, deviné tout d'abord, parmi les types nationaux, le plus terrible et le plus poétique. Voyez combien cette sombre figure du fanatique protestant a été copiée depuis lors, soit en Angleterre, soit en France, soit en Allemagne..... C'est là le propre des physionomies originales et des inventions heureuses. »

Sous Presse :

EDGARD HUNTLY
OU LES AVENTURES D'UN SOMNAMBULE.

(Edgard Huntly, or the Adventures of a Sleep-Walker)

2 VOL. IN-8. — PRIX : 15 FR.

La *Revue Britannique* dit, en parlant d'*Edgard Huntly* : « C'est un de ces récits multipliés où les incidents accumulés pressent de toutes parts la pensée et lui créent des curiosités qui renaissent à chaque page. Le danger succède au danger. La terreur ne se calme que pour reparaître plus vive et plus piquante ; une sorte de cauchemar pénible, mais sévèrement prolongé, retient l'attention prisonnière. Brown, d'ailleurs, en plaçant la scène de ce nouveau conte au milieu des forêts natales, dans la partie ouest de la Pensylvanie, s'était ménagé l'emploi de ses souvenirs d'enfance..... Ses paysages, par leur relief et leur *vraisemblance*, excitèrent une admiration que Cooper n'avait sans doute pas oubliée lorsqu'il écrivit *le Dernier des Mohicans* et *la Prairie*.

Les *Peaux-Rouges* jouent un rôle terrible dans les *Aventures d'un Somnambule*.

POUR PARAITRE LE 5 JUIN.

l'Amiral de Bretagne,

ROMAN INÉDIT,

PAR ERNEST MÉNARD.

2 vol. in-8°. — Prix : 15 fr.

ÉLIZA DE RHODES,

PAR AMÉDÉE DUQUESNEL.

2 vol. in-8. — Prix : 15 fr.

BRUNE ET BLONDE

PAR PITRE-CHEVALIER.

2 vol. in-8. — Prix : 15 fr.

POUR PARAITRE LE 15 JUIN.

LA CHAMBRE DE LA REINE
PAR PITRE-CHEVALIER.

Deux volumes in-octavo. — Prix : 15 francs.

REVUE ADMINISTRATIVE,
CONCERNANT :

Les Finances, le Commerce, l'Industrie, l'Agriculture, les Travaux et les Établissements publics, etc.,

Paraissant du 1er au 10 de chaque mois, par cahier de 4 à 5 feuilles grand in-8.
PRIX : 18 FRANCS PAR AN POUR LA FRANCE, ET 22 FRANCS POUR L'ÉTRANGER.
La troisième Année est terminée.

LES FRANÇAIS
Pour la première fois dans l'Histoire de France,
OU POÉTIQUE DE L'HISTOIRE DES DIVERS ÉTATS,

Par Amans-Alexis Monteil,
Auteur de l'Histoire des Français des divers États, etc.
1 VOL. IN-18. — PRIX : 2 FR.

LA CORSE,
RAPPORT SUR SON ÉTAT ÉCONOMIQUE ET MORAL
EN 1838
PAR BLANQUI AINÉ.

Grand in-8. — Prix : 3 f. 50 c.

Du même Auteur,
POUR PARAITRE LE 30 JUIN.
CONSIDÉRATIONS SUR
L'ÉTAT SOCIAL DE LA TURQUIE D'EUROPE.

Grand in-8. — Prix : 3 fr. 50 c.

HISTOIRE ÉLECTORALE

De la France,

DEPUIS LA CONVOCATION DES ÉTATS GÉNÉRAUX DE 1789,

PAR AUDIGANNE,
Avocat à la Cour royale de Paris.

1 vol. in-8. — Prix : 6 fr.

LES

JEUNES FILLES

POÈMES ET NOUVELLES,

Par Pitre-Chevalier.

Nouvelle Édition. — 1 vol. in-18. — Prix : 4 fr. 50 c.

Sous Presse :

LA PREMIÈRE GERBE,

POÉSIES

PAR MARIE-LAURE.

1 vol. grand in-18.

LA THÉBAÏDE DES GRÈVES,

PAR H. MORVONNAIS.

1 volume in-32. — Prix : 3 fr.

LE VIEUX PAYSAN,

Par le même. — 1 vol. in-32. — Prix : 1 fr. 50 c.

CONTES POPULAIRES

DES

ANCIENS BRETONS

PRÉCÉDÉS D'UN

Essai sur l'origine des épopées chevaleresques de la Table-ronde,

PAR TH. DE LA VILLEMARQUÉ,

Collecteur et Traducteur des *Chants populaires de la Bretagne.*

Le succès qu'ont obtenu les *Chants populaires de la Bretagne* de M. de la Villemarqué, recueil traduit en anglais et en allemand, nous dispense de faire l'éloge des *Contes populaires des anciens Bretons* qui doivent leur servir de pendant. Nous nous contenterons de citer les jugements que deux critiques distingués ont émis sur l'essai qui précède les contes originaux, d'après quelques fragments qui en avaient été insérés dans la *Revue de Paris*.

M. Ampère a été le premier à attirer sur ces fragments l'attention des hommes instruits et éclairés, et à signaler l'importance du travail de M. de la Villemarqué dans un article de la *Revue des Deux-Mondes*, intitulé : *Vue générale de la littérature française au moyen âge* (tome XIX, 4ᵉ série). Dans son dernier ouvrage sur la *Formation de la langue française*, il y revient encore. « Quelle part, dit-il, les traditions bretonnes ont-elles eue à la formation de la poésie chevaleresque de l'Europe au moyen âge?—Pour prononcer sur cette question, il faut attendre la publication du livre que prépare M. de la Villemarqué. » (Introduction.)

Le chevalier de Bunsen, ministre plénipotentiaire de Sa Majesté le roi de Prusse à Londres, dont le nom fait autorité en Allemagne, a donné un compte rendu ou *recension* des fragments publiés par la *Revue de Paris*, compte rendu qu'un journal anglais a reproduit. Voici comment le célèbre critique résume l'*Essai sur l'origine des épopées chevaleresques de la Table-ronde*.

« L'objet de l'auteur est de prouver que les romanciers de France, d'Angleterre et d'Allemagne, qui ont chanté Arthur et sa cour, ont emprunté aux sources bretonnes, non pas de simples noms sans réalité, mais le thème tout entier de leurs fictions épiques. Pour l'établir, il divise tous les romans de chevalerie de la Table-ronde en deux classes : l'une profane, où il range les six plus importants qui sont ceux d'*Arthur*, de *Merlin*, de *Lancelot*, de *Tristan*, d'*Yvain*, d'*Erec* et d'*Énide* ;—l'autre religieuse, où il examine les poëmes du *Saint-Graal*. Ayant établi en principe que l'examen de la plus ancienne version, soit française, soit allemande, de chacun des romans cités, doit servir à abréger la discussion et éclairer l'histoire générale, il commence par donner une analyse de cette version, puis il indique les sources celtiques, écrites et traditionnelles, où elle a évidemment été puisée. Dans cet examen, il fait usage d'une foule de documents manuscrits des bibliothèques de France et d'Angleterre, et de traditions populaires bretonnes qu'il a recueillies et étudiées avec soin. Trouvant uniformément que les éléments des épopées chevaleresques sont tous empruntés à des sources galloises ou armoricaines, et que les fables celtiques n'ont pu sortir des romans français reconnus les plus anciens de leur classe, il conclut que les traditions bretonnes ont été la source des épopées chevaleresques françaises et allemandes de la Table-ronde, et de celles des pays scandinaves (la Suède, la Norwége, le Danemark et l'Islande), épopées qui sont évidemment d'une date postérieure aux premières. Toutes les assertions de l'auteur sont illustrées de nombreux exemples en partie tirés de documents inédits : elles sont basées sur des sources originales examinées avec critique, et non sur une érudition de seconde main : son œuvre est une solide et judicieuse production, *a solid and judicious production.* » (THE HEREFORD TIMES, *october* 17, 1840.)

Quant aux contes qui suivent l'essai préliminaire et qui en sont pour ainsi dire les pièces justificatives, ils roulent sur les anciennes traditions bretonnes relatives au roi Arthur et à ses chevaliers. Ces traditions ont passé primitivement du pays de Galles en Armorique avec les émigrés bretons cambriens qui fuyaient les Saxons, et ont été embellies, développées et mises en chants populaires sur le continent. Ainsi poétisées, elles ont repassé de la petite Bretagne dans la grande avec les Bretons armoricains, chassés par les Normands au dixième siècle, et ont fini par être réduites en prose, comme nous les avons aujourd'hui, dans la première moitié du douzième siècle. Plus tard, elles sont devenues le modèle des principales épopées françaises, anglaises, allemandes et scandinaves de la Table-ronde. Le texte manuscrit des contes existe dans la bibliothèque du collége gallois à Oxford où on l'imprime dans ce moment. Les éditeurs ont appelé à leur aide M. de la Villemarqué qui avait été envoyé en Angleterre en 1838, par le gouvernement français, pour étudier et traduire la collection originale. Le livre que nous donnons aujourd'hui au public est le résultat de sa mission littéraire. Les amis des études sérieuses liront l'*Essai* avec intérêt; les amateurs des chroniques piquantes et originales trouveront dans les *Contes* une lecture pleine de charmes.

LES

CHANTS DU PSALMISTE,

Poésies religieuses, lyriques et nationales,

PAR SÉBASTIEN RHEAL.

Précédées d'une Introduction de M. Ballanche.

2ᵉ ÉDITION.—1 VOL. IN-8.—PRIX : 7 FR. 50 C.

A la même Librairie.

AYMÉ VERD,
ROMAN INÉDIT
DE SIR WALTER SCOTT,
Avec une lettre du capitaine Clutterburck.

SOUS PRESSE :

la 2ᵉ édition d'ALLAN CAMÉRON, roman de sir Walter Scott.

ÉTUDES SUR LA BRETAGNE,
PAR PITRE-CHEVALIER.

Nous publions, sous ce titre, une série de romans qui doivent embrasser toutes les époques et toutes les particularités de la Bretagne, aux points de vues de l'histoire, des mœurs et du pays. Ce travail original sur la race bretonne et ses caractères, toujours entrepris jusqu'ici partiellement et imparfaitement, manquait à notre littérature contemporaine ; il sortira enfin cette fois, achevé et complet, des mains de l'auteur, qui s'y consacre tout entier.

Nous procédons dans l'ordre suivant à cette importante publication.
    Jeanne de Monfort (époque guerrière, 1342).
    Michel Columb, le Tailleur d'images (époque des arts, 1490).
    Aliénor, Prieure de Lok-Maria (époque de la ligue, 1594).
    Conan-le-Têtu (époque maritime, 1694).
    Mademoiselle de Kersac (époque révolutionnaire, 1793).
    Alix-les-Yeux-Bleus (mœurs actuelles, 1840).
    Fées et Revenants (traditions fantastiques).

EN VENTE :

Jeanne de Monfort (époque guerrière, 1342). 2 vol. in-8. Prix : 15 fr.
Michel Columb, le Tailleur d'images (époque des arts, 1490). 2 vol. in-8. Prix : 15 fr.
Aliénor, Prieure de Lok-Maria (époque de la ligue, 1594). 2 vol. in-8. Prix : 15 fr.
Conan-le-Têtu (époque maritime, 1694), paraîtra le 15 septembre prochain.

LES ENFANTS DE PARIS,
PAR ÉMILE VANDER-BURCH,
SÉRIE DE ROMANS DE MŒURS PARISIENNES.

....*Domestica facta.*

Nous raconterons, dans cette série de romans, les aventures réelles de quelques-uns de nos enfants de Paris, dont l'histoire *est véridique*, brodée seulement de quelques détails empruntés à la fiction. Notre but, tout en amusant nos lecteurs, est de prouver cette vérité toute simple : que l'éducation est l'homme aujourd'hui, et que, comme l'a dit Fénelon, la jeunesse est la fleur de toute une nation. C'est dans la fleur que l'on doit préparer le fruit.

    L'Armoire de Fer, histoire d'avant-hier.
    Zizi, Zozo et Zaza, histoire de trois Étages.
    Le Panier à Salade, histoire de soixante-sept Maisons.
    La Maison Maudite, histoire de cent Ans.
    Le Brevet d'Invention, histoire d'une Savonnette.
    L'Homme de Paille, histoire d'un Fainéant.
    Le Général Polichinelle, histoire de huit Révolutions.

En vente : *l'Armoire de Fer, Zizi, Zozo et Zaza*, et *Le Panier à Salade.*

La Maison maudite paraîtra le 25 septembre.

www.ingramcontent.com/pod-product-compliance
Lightning Source LLC
Chambersburg PA
CBHW060559170426
43201CB00009B/827